KB140195

디지털 영상편집 기법

- 멀티미디어 리서치 연구총서 -

디지털 영상편집 기법

이인희 지음

한국학술정보㈜

contents

1

영상편집의 이해

1. 영상편집의 개념

영상편집이란, 비디오 카메라로 촬영한 영상의 소재 중에서 필요한 숏(shot)을 골라내고 그 내용을 제3자가 알 수 있도록 배열하는 데 있어서, 시간의 길이에 맞추어 영상과 음성(audio)을 정교하게 만드는 작업이라고 정의할 수 있다. 실제로 모든 영상물은 편집 과정을 거쳐야만 의미 있는 내용으로 완성되므로 영상제작에 있어 편집이 차지하는 비중은 매우 높을 뿐만 아니라 고도의 전문성을 요구하는 작업이라고 할 수 있다. 생방송 녹화인 경우를 제외한 대부분의 영상편집은 촬영을 마친 후 실시된다고 해서 포스트 프로덕션 편집(post production editing)이라고도 부른다.

아마도 편집의 중요성을 가장 설득력 있게 설명한 사람은 케빈 브라운로(Kevin Brownlow)일 것이다. 그는 『The Parade's Gone by...』라는 책에서 다음과 같이 말했다[1].

---

1) Brownlow, K. (1983), The Parade's Gone by..., University of California Press.

편집은 영화의 재연출이다. 가장 적절한 순간을 측정하기—정확히 어디를 잘라야 하는가를 알기—위해서는 감독으로서의 직관적인 재능과 같은 것이 요구된다. 편집자에게는 촬영된 모든 영상이 정밀하지 않은 자료일 뿐이다. 경험이 없는 사람들은 편집자의 역할이 단순히 촬영된 장면들을 순서에 맞게 붙이기만 하면 되는 것이라고 생각하기 쉽다. 그러나 편집자의 임무는 마치 그림퍼즐처럼 미리 정해진 완벽한 연결을 찾아내는 것은 결코 아니다.

이 말의 뜻은, 어떠한 영상물이라 하더라도 사전에 모든 화면구성이 결정되는 것은 아니므로 촬영된 후에 편집과정을 거쳐야만 하나의 완성된 작품으로서 시청자들에게 의미와 스토리를 전달할 수 있다는 것이다. 그만큼 편집이 중요하다는 것, 그리고 어느 정도 연출의 속성을 지니고 있음을 강조한 말이다. 기본적으로 영상편집은 대본 또는 스토리보드(storyboard)[2]를 바탕으로 진행된다. 물론 촬영도 대본에 따라 이루어지지만, 편집의 본질은 촬영된 소재 중에서 불필요한 화면을 잘라내고 수많은 원본 테이프 중 대본에서 필요로 하는 숏을 골라 마스터 테이프(master tape)에 녹화하고 배열하는 것이기 때문이다. 영상제작은 일반적으로 다수의 인원이 참여하는 공동작업인 경우가 많기 때문에 대본을 바탕으로 하지 않

---

2) TV 커머셜이나 동화(動畫)의 흐름을 설명하기 위해 간단한 스케치를 그려서 줄거리를 표현한 것. 이것을 작성한 후 여러 가지 검토를 거쳐 제작에 들어가게 된다. 또 제작자가 스폰서에게 프리젠테이션을 할 때에도 사용된다. 콘티뉴이티(continuity)도 이와 같은 말로서, 이 말을 줄여서 흔히 콘티라고 부른다.

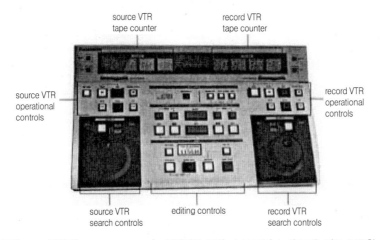

그림 1-1　편집기(editing control unit): 편집기를 통해 소스VTR과 녹화VTR을 따로 조종할 수 있다. 총 재생시간, 프레임 번호, 인포인트와 아웃포인트 설정, 편집 미리보기 등 다양한 기능을 제공해 주는 필수장비이다.

으면 편집자가 자의적으로 편집하거나 제작진이 기획한 대로 프로그램이 완성되지 못할 우려도 있다.

영상 프로그램을 제작할 때에는 언제나 편집을 통해 완성되는 프로그램의 분량보다 훨씬 많은 양의 숏이 촬영되므로 우리가 흔히 '편집한다'라고 표현하는 것은 '잘라낸다'라는 의미를 포함한다. 오늘날 영상편집은 편집기(그림 1-1 참조)와 주변기기(비디오믹서, 오디오믹서, 특수효과발생기, 자막기 등)의 사용을 전제로 하기 때문에 훌륭한 편집자가 되기 위해서는 편집기기에 대한 숙련도는 물론 고도의 집중력, 섬세함, 관찰력, 미적 감각, 체력 등이 필요하다. 편집을 해본 경험이 있는 사람이라면 의외로 편집이 매우 많은 시간이 소모되는 작업이라는 사실을 알 것이다. 따라서 체력과 집중력이 뒷받침되지 않으면 좋은 편집이 나오기가 어렵다. 편집자는 기본적으로 대본을 이해할 수 있는 능력을 갖추어야 하며, 영상표

현에 관한 기법(화면구도, 카메라 워크, 화면의 일관성, 오디오와 영상의 관계 등)에 대한 지식도 있어야 한다.

2. 영상편집의 기능

편집을 하는 이유는 여러 가지가 있다. 단순히 숏을 잘 배열하여 시청자들에게 스토리를 전달하기 위해서 편집할 때도 있고, 촬영된 영상의 분량이 넘쳐서 정해진 방송시간 또는 프로그램 길이에 맞추기 위해 불필요하거나 덜 중요한 숏을 잘라내기 위해서 편집할 때도 있다. 또 이미 편집된 숏이 내용에 맞지 않을 때 다른 숏으로 수정하거나 대체하기 위해서 편집하는 경우도 있다. 이처럼 편집은 다양한 이유에 따라서 여러 가지 기능을 제공해 준다. 일반적으로 편집의 기능에는 조합(combining), 손질(trimming), 수정(correcting), 구축(building) 등 네 가지가 있다.

● 조합

이것은 가장 단순한 편집 기능으로서, 많은 부분으로 나누어 촬영하고 녹화한 비디오 테이프를 대본에 따라 순서에 맞게 짜맞추는 것이다. 효율면에서 볼 때 촬영과 녹화 단계에서 대본에 충실하도록 세심한 주의를 기울여 작업하면 편집 단계에서는 시간과 노력을 줄일 수 있다. 촬영이 잘 되면 편집이 훨씬 수월해지는 것이 사실이다.

● 손질

편집에서 손질한다는 것은 불필요한 부분을 잘라내고 말끔히 정리한다는 뜻이다. 또한 편집기에서 트리밍이란, 숏의 지정된 부분에 프레임(frame)[3]을 추가하거나 삭제하는 기능을 의미하기도 한다(그림 1-2 참조). 실제로 대부분의 편집작업은 촬영, 녹화된 숏을 마스터 테이프에 배열하는 과정에서 정해진 시간의 분량—예를 들어 1분 20초짜리 뉴스나 60분짜리 다큐멘터리와 같이—에 맞추기 위해 넘치는 부분을 잘라내야 할 때가 많다. 이런 경우에는 숏의 길이를 줄이거나 스토리 전달에 있어서 중요성이 작은 화면을 잘라내는 등의 방법을 통해 정해진 시간에 맞추려고 노력하게 된다. 뉴스의 경우, 1분 20초간 방송될 아이템이지만 실제로 기자는 10분 이상의 분량을 찍어옴으로써 편집을 해야 할 때가 많다. 이때 기사의 핵심적인 내용과 무관한 숏은 과감하게 버리고, 뉴스 전달에 필요한 숏의 중요성과 길이를 고려하면서 손질하는 작업이 뒤따라야 한다.

hrs   min   sec   frames

그림 1-2 타임코드: 시간, 분, 초, 프레임 번호의 순서로 표시된다.

---

3) 영화나 TV 등 연속해서 만들어진 화면의 한 컷. 일본에서는 흔히 '코마'라고 부른다. 편집작업을 위해서는 화면의 프레임 번호까지 정확하게 보여 주는 카운터가 필요하다.

● 수정

촬영, 녹화된 영상에서 잘못된 숏이 있을 경우 이를 좋은 숏으로 대체하기 위해 편집하는 경우가 가끔 있다. 예를 들어 연기자의 연기에 실수가 있다거나 숏이 부적당하다고 판단되면 재촬영해야 한다. 수정 작업은 잘못된 부분을 잘라내고 좋은 부분으로 대체하면 간단히 끝날 수 있다. 그러나 재촬영한 영상을 편집할 때에는 이전 촬영 당시와 배경음의 차이, 숏의 차이, 색조의 차이 등이 두드러지지 않도록 세심한 주의를 기울여야 한다. 편집자의 편집 실력이 이런 경우에 잘 나타나게 된다. 중요한 것은 촬영과 녹화 단계에서 세심한 주의를 기울이는 것이 수정 작업을 줄이는 지름길이라는 사실이다.

● 구축

편집의 본질은 촬영, 녹화된 수많은 테이프들 중에서 적절한 숏을 골라 배열함으로써 하나의 완성된 프로그램을 구축하는 것이다. 이렇게 볼 때 편집이란, 제작(촬영과 녹화)의 보조적 기능이 아니라 주축이 된다고 할 수 있다. 편집을 어떻게 하느냐에 따라 프로그램의 스토리나 성격이 달라질 수 있기 때문이다.

예를 들어 한 대의 비디오 카메라로 야외녹화를 하는 경우에는, 편집할 때 사용하기 위해 하나의 장면을 롱 숏, 미디엄 숏, 클로즈 업 등 다양한 숏의 크기와 각도로 촬영하게 된다[4]. 촬영이 끝난 다

---

4) 숏을 크기에 따라 구분해서 부르는 명칭은 화면에 담기는 피사체의 크기를 기준으로 부르는 명칭과, 화면에서 피사체가 잘리는 신체 부분을 기준으로 부르는 명칭이 있다. 전자의 경우 ELS(extreme long shot), LS(long shot) 또는 WS(wide shot), MS(medium shot), BS(big shot) 또는 CU(close up) 등이

음, 이러한 숏들은 편집과정에서 어떤 순서를 거치고, 어떤 화면전환(transition)[5] 방법을 사용하여 연결하느냐에 따라 프로그램의 전체 분위기를 크게 달라지게 한다. 중요한 것은 촬영된 숏의 순서와 관계 없이, 프로그램의 스토리를 가장 잘 전달할 수 있는 효과를 가져오는 숏과 화면전환 방법을 선택하는 일이다. 화면전환은 편집과정에서만 사용되므로 편집의 가치를 더욱 높여 준다. 아울러 필요한 음향효과나 음악도 편집과정에서 삽입된다.

3. 영상편집의 방식

영상편집에는 어셈블 편집(assemble editing)과 인서트 편집(insert editing), 온라인 편집(on-line editing)과 오프라인 편집(off-line editing)이 있다.

어셈블 편집이란, 비디오 테이프에 녹화할 때 녹화 VTR이 테이프의 모든 정보(비디오, 오디오, 컨트롤 트랙)를 지우면서 덮어씌우는 것을 말한다. 따라서 어셈블 편집에서는 인포인트(edit-in point)만 지정하고, 아웃포인트(edit-out point)는 지정할 필요가 없다. 다음에 연결되는 숏의 인포인트가 이전 숏의 아웃포인트가 되기 때문이다. 그러나 어셈블 편집에서는 컨트롤 트랙(control track)[6]까지 동시에 복사되기 때문에 각 숏들의 컨트롤 트랙이 서

있고, 후자의 경우에는 FS(full shot), KS(knee shot), WS(waist shot), BS(bust shot), TBS(tight bust shot), CU(close up) 등이 있다.
5) 화면전환이란 컷과 컷 사이를 연결하는 방법을 말한다. 컷(cut), 디졸브(dissolve), 와이프(wipe), 페이드(fade) 등이 있다.

로 일치하지 않을 때에는 화면이 끊기거나 프레임의 연결이 매끄럽지 못한 현상이 발생한다[7]. 또한 어셈블 편집에서는 오디오와 비디오를 나누어서 편집하는 것이 불가능하다(그림 1-3 참조).

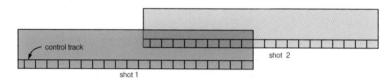

그림 1-3 어셈블 편집에서 트랙이 녹화되는 원리. 소스VTR의 컨트롤 트랙도 함께 녹화 VTR에 기록된다.

한편, 인서트 편집이란 일정한 컨트롤 트랙 위에 오디오와 비디오 부분만 편집하는 것을 말한다. 인서트 편집에서는 소스 비디오 테이프의 컨트롤 트랙이 녹화되는 비디오 테이프에 옮겨지지 않는다. 따라서 녹화용 마스터 테이프를 사용할 경우, 테이프에 필요한 길이만큼 블랙(black)을 입힘으로써 컨트롤 트랙을 입력하게된다[8]. 이렇게 하면 전체 편집과정 동안 일관적인 컨트롤 트랙을 사용하게 되므로 편집할 때 실수를 줄일 수 있다. 인서트 편집에서는 비디오 테이프에 프로그램을 녹화하기 전에 미리 컨트롤 트랙을 녹화하는 시간이 필요하지만, 어셈블 편집에서는 다양한 소스로부터 입력되는 컨트롤 트랙에서 생길 수 있는 여러 가지 문제를 사전에 제거하여 전체 편집에서 많은 문제점이 줄어든다는 장점이 있

6) 동기(synchronization) 신호가 실려 있는 비디오 테이프의 밑부분으로, 비디오와 오디오 신호의 녹화와 재생을 컨트롤하는 데 쓰인다.
7) 이런 현상을 싱크롤(sync roll)이라 부른다. 숏이 연결되는 부분의 컨트롤 트랙이 맞지 않으면 편집된 지점에서 프레임이 위로 끌려 올라가는 모습이 나타난다.
8) 일반적으로 녹화 VTR에 black을 입력하는 버튼이 있다.

다. 실제로 거의 대부분의 편집은 인서트 편집으로 이루어진다. 인서트 편집에서는 인포인트와 아웃포인트를 자유롭게 지정할 수 있기 때문에 어셈블 편집보다 훨씬 안정되고 전문적인 편집이 가능하다(그림 1-4 참조).

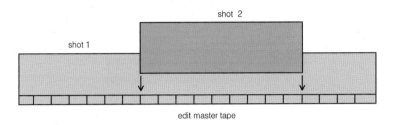

그림 1-4 인서트 편집에서 트랙이 기록되는 원리. 녹화VTR의 컨트롤 트랙에는 영향을 미치지 않고, 소스VTR의 비디오/오디오 트랙만 기록된다.

다만 인서트 편집에서는, 블랙을 입히는 데 테이프가 실제로 회전하는 시간이 고스란히 소요되므로 편집에 드는 전체 시간이 길어지는 단점이 있다. 가령 60분짜리 프로그램을 편집한다고 하면 마스터 테이프에 블랙을 녹화하는 데 60분이 걸린다는 뜻이다. 그러나 이런 불편보다도 얻게 되는 장점이 훨씬 크므로 인내심을 가지고 블랙을 입히는 데 정성을 다할 필요가 있다. 블랙을 녹화함으로써 얻는 장점으로, 첫째는 편집에서 화면의 찢김(프레임이 연결되는 부분에서 화면이 찌그러지는 현상)이나 싱크롤 현상(그림 1-5 참조)이 생기지 않는다는 것, 둘째는 일단 블랙을 입힌 테이프는 다음 편집 때 다시 블랙을 입힐 필요가 없으므로 편리하게 사용할 수 있다는 것, 셋째는 오디오와 비디오를 분리하여 얼마든지 자유롭게 편집할 수 있다는 것이다. 블랙을 입히는 데 소요되는 시간의 번거로움을 피하기 위해 미리 여러 개의 테이프에 블랙을 녹화한 후 이를 보관해 두는 방법도 있다.

그림 1-5 싱크롤(sync roll) 현상. 숏과 숏 사이에 컨트롤 트랙이 조금만 맞지 않아도 그
림과 같은 현상이 나타나게 된다.

　또 편집작업의 목적에 따라 오프라인 편집과 온라인 편집으로 구
분할 수 있다. 오프라인 편집은 가편집이라고도 부르는데, 방송용
이 아니라 최종 편집을 위한 가이드 역할을 한다. 따라서 오프라인
편집에서는 영상의 화질보다 숏의 연결이 가져오는 영상 효과에 더
많은 비중을 두게 된다. 한편, 온라인 편집은 방송이 될 최종 마스
터 테이프를 만드는 작업을 말한다.

4. 영상편집의 단계

　일반적으로 편집 절차는 촬영, 검토, 결정, 작업의 네 단계로 나
눌 수 있다. 즉, 편집은 영상제작에서 독립된 단계가 아니라 촬영
할 때부터 미리 편집을 고려하면서 제작해야 한다는 뜻이다(그림
1-6 참조).

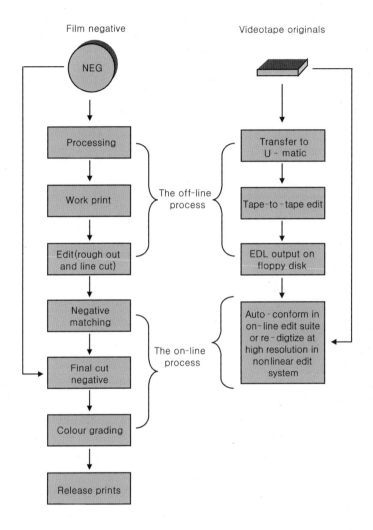

Film negative

NEG

Processing

Work print

Edit(rough out
and line cut)

The off-line
process

Negative
matching

Final cut
negative

The on-line
process

Colour grading

Release prints

Videotape originals

Transfer to
U - matic

Tape-to-tape edit

EDL output on
floppy disk

Auto - conform in
on - line edit suite
or re - digtize at
high resolution in
nonlinear edit
system

그림 1-6 필름과 비디오 테이프의 편집과정 비교

● 촬영

편집의 절반은 촬영할 때 결정된다는 말이 있다. 감독은 촬영할 때, 숏과 숏을 어떤 화면전환 기법을 사용해 연결할 것인지 미리 생각하면서 제작하는 것이 보통이다. 완성도 높은 편집을 위해 촬영 단계에서 준비할 사항은 다음과 같다.

① 어떤 장면을 촬영할 때 그 장면이 바로 끝나는 부분에서 촬영을 정지하지 말고 몇 초 더 지난 후 테이프를 멈추어야 한다[9]. 이렇게 해야 나중에 편집할 때 한 동작이 끝나는 부분에서 편집 포인트를 지정하기가 편리하다. 예를 들어 취재기자가 비디오 카메라 앞에서 보도하는 장면을 찍는다고 할 때, 기자는 자신이 할 말을 다 한 후 몇 초간 정지상태로 머물러 있어야 한다. 마찬가지로 기자가 마이크로 말하기 몇 초 전부터 비디오 카메라는 촬영에 들어가야 한다. 녹화를 시작하는 부분에서도 최소한 5초 이상 테이프 감는 시간을 주고서 녹화를 시작해야만 편집할 때 컨트롤 트랙에 문제가 생기지 않는다.

② 의도했던 장면을 다 촬영한 다음에 반드시 컷어웨이 (cutaway) 숏을 찍어 두어야 한다. 컷어웨이 숏이란 점프컷 (jump cut, 그림 1-7 참조)[10]을 피하기 위해 숏과 숏 사이에 끼워 넣는 숏으로, 주로 오디오는 그대로 두고 비디오만을 인서트하는 경우가 많다. 컷어웨이 숏에는 한 장면에서 주된 동

---

9) 보통 5~10초 정도가 지난 후 컷한다.
10) 점프컷이란 동일한 장면에서 주체의 동작 중간부분이 생략되어 화면이 건너뛴 듯한 느낌을 주는 것을 말한다. 주로 30도 내의 카메라 각도에서 숏의 크기가 갑자기 달라지거나 동일한 동작의 중간부분을 빠뜨리는 경우 점프컷이 된다. 이때는 컷어웨이 숏을 사용하여 점프컷을 방지한다. 촬영을 할 때 점프컷을 예방하려면 동일한 주체를 30도보다 큰 각도로 떨어진 거리에서 촬영하면 된다.

작은 아닐지라도 반드시 관련된 동작이나 상황을 담아야 한다. 야외촬영에서는 동작이 진행되고 있는 장소를 보여 주는 장면을 컷어웨이 숏으로 찍는 것이 관례이다(그림 1-8 참조). 예를 들어 화재사건을 취재한다고 할 때, 도로명이 적힌 표지판, 사거리 교통표지판, 도로에 막힌 채 서 있는 차량들, 화재 현장 주변에 몰려 있는 시민들을 촬영해 두면 편집할 때 적절하게 활용할 수 있다. 컷어웨이 숏은 최소한 5초 이상의 길이로 찍어야 편집할 때 사용할 수 있다.

그림 1-7 동일한 카메라 각도에서 피사체를 촬영한 것을 컷으로 연결하면 점프컷이 된다.

그림 1-8 점프컷을 피하는 방법. 다른 카메라 각도에서 촬영한 숏을 점프컷 사이에 끼워 넣으면 점프컷을 피하고 매끄러운 편집이 된다.

● 검토: VTR 로그 만들기

검토 단계에서는 촬영된 모든 소스(source) 테이프의 영상을 보면서 숏이나 장면별로 일련번호를 매기는 작업을 한다. 편집할 때 무엇을 잘라내고 무엇을 집어넣을 것인지 결정하려면 각각의 테이프에 어떠한 장면들이 찍혀 있는지 알고 있어야 한다. 촬영한 모든 영상을 다 보고 나면 이 영상을 어떻게 구성해야 할 것인지에 대한 윤곽이 잡히게 된다. 이처럼 소스 테이프에 담긴 숏의 순서에 따라 타임코드를 기록할 수 있게 만든 표를 VTR 로그(VTR Log)라고 한다. 이 표에는 테이프 번호, 숏 번호, 어드레스 코드(address code)[11], OK와 NG 표시, 사운드, 벡터(vector)[12] 등의 항목이 포함된다. 뉴스처럼 시간을 다투는 프로그램에서는 이와 같은 과정이 생략될 수 있다. VTR 로그를 작성하게 되면 편집할 때 일일이 소스 테이프에 담긴 화면을 보지 않고도 필요한 숏의 위치를 금방 찾을 수 있기 때문에 매우 편리하다(그림 1-9 참조).

● 결정: EDL 만들기

결정 단계에서는 편집결정목록(EDL, editing decision list)을 작성하게 된다. EDL은 VTR 로그에서 OK 표시된 숏 중에서 삽입할 시간만큼 인포인트와 아웃포인트를 적고, 화면전환 방법, 숏의 길이, 사운드 등에 관한 내용을 담는 표이다. 쉽게 말해 연필과 종이로 하는 편집인 셈이다. EDL에서는 특히 화면전환을 어떻게 할 것인지 고민하는 일이 중요하다(그림 1-10 참조).

---

11) 하나의 숏이 시작되는 프레임의 타임코드를 IN 항목에, 숏이 끝나는 프레임의 타임코드를 OUT 항목에 표시한다.
12) 벡터란 하나의 숏 안에서 행동이나 동작의 방향을 의미한다.

Tape No.	Scene/Shot	Take No.	In	Out	OK/NG	Sound	Remarks	Vectors
4	2	1	01 44 21 14	01 44 23 12	NG		mic problem	m ←
		②	01 44 42 06	01 47 41 29	OK	car sound	car A moving through stop sign	m ←
		③	01 48 01 29	01 50 49 17	OK	brakes	car B putting on brakes (toward camera)	⊙ m
		④	01 51 02 13	01 51 42 08	OK	reaction	pedestrian reaction	→ ↗
	5	1	02 03 49 18	02 04 02 07	NG	car brakes ped. yelling	ball not in front of car	⊙ m ← m ball
		2	02 05 02 29	02 06 51 11	NG	"	Again, ball problem	⊙ m ← m ball
		③	02 05 40 02	02 06 17 03	OK	car brakes ped. yelling	car swerve to avoid ball	← m ball → m
	6	①	02 07 01 29	02 08 58 10	OK	ped. yelling	kid running into street	→ ↗ ← m child
		②	02 08 22 01	02 11 37 19	OK	car	cutaways-car moving	⊙ · m

그림 1-9 VTR 로그의 예(일부). In과 Out으로 표시된 부분이 어드레스 코드이다.

Tape No.	Scene/Shot	Take No.	In	Out	Transition	Approx. Length	Sound
4	2	2	01 46 13 14	01 46 15 02	cut	2	car
		4	01 51 10 29	01 51 11 21	cut	1	car
	5	3	02 05 55 17	02 05 57 20	cut	.75	ped. yelling — brakes
		2 4	01 51 40 02	01 51 41 07	cut	1	ped. yelling — brakes
	6	1	02 07 43 17	02 08 46 01	cut	2+	brakes

그림 1-10 EDL의 예

●작업

촬영한 테이프를 가지고 VTR 로그를 만들고 EDL을 작성하게
되면, 이제 실제로 작업할 단계가 남는다. 편집은 책을 읽거나 설
명을 듣는 것보다 스스로 해보면서 배우는 것이 훌륭한 노하우를
축적할 수 있는 가장 좋은 길이다.

그림 1-11 일대일 편집 시스템

편집작업에 필요한 장비를 연결하는 편집 시스템은 단일편집과
복수편집으로 나누어진다(그림 1-11 참조). 한 대의 소스 VTR과
한 대의 녹화 VTR 사이에 편집기를 연결하여 편집하는 것을 단일
편집(single-source editing)이라 하고, 두 대 이상의 소스 VTR과
한 대의 녹화 VTR 사이에 편집기를 연결하여 편집하는 것을 복수

편집(multiple-source editing)이라고 한다. 복수편집에서 소스 편집기가 두 대이면 AB롤 편집(AB-roll editing)이라고 하고, 세 대이면 ABC롤 편집(ABC-roll editing)이라고 부른다(그림 1-12, 1-13, 1-14 참조).

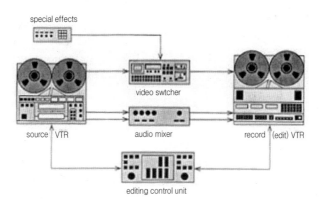

그림 1-12 단일편집 시스템

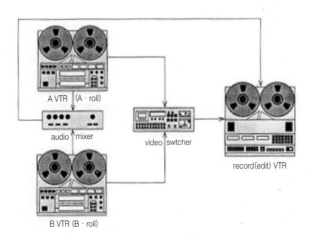

그림 1-13 AB롤 편집 시스템

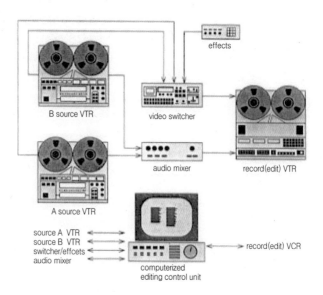

그림 1-14 복수편집 시스템

5. 영상편집의 원칙

편집의 기본 목표는 시청자에게 스토리를 명확하고 효과적으로 전달하는 것이다. 편집의 기능은 프로그램의 연속성(continuity)을 살리는 것이다. 연속성이란 편집자가 숏과 숏 또는 장면과 장면을 연결할 때 오디오와 비디오의 일관성을 유지하는 것을 뜻한다. 즉, 화면에서 주체를 확인하고 그의 위치, 움직임, 소리, 색상에 있어서 일관성을 유지하면서 숏과 숏을 연결하는 것을 의미한다. 이렇게 함으로써 시청자들에게 혼란을 주지 않고 편안하고 자연스럽게 시청할 수 있도록 하는 것이다(그림 1-15, 1-16 참조).

Camera 1   Camera 2   Camera 3

그림 1-15　벡터라인의 예. 어떠한 카메라 각도에서 촬영하더라도 피사체의 위치는 일관
　　　　　　성을 지녀야 한다. 같은 상황을 촬영할 때 카메라 3과 같은 위치에서 촬영하
　　　　　　면 시청자는 혼란을 느끼게 된다.

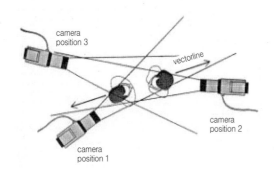

그림 1-16　위 그림의 숏을 찍기 위한 카메라 위치도

① 주체의 확인(subject identification)

한 숏에서 다른 숏으로 편집할 때에는 시청자가 주체를 쉽게 판별할 수 있도록 해야 한다. 이것은 숏의 크기와 관련이 있는데, 예를 들어 롱 숏에서 갑자기 클로즈업으로 연결하면 시청자들은 혼란을 느낄 수 있다. 숏의 크기는 단계적으로 롱 숏에서 미디엄 숏, 미디엄 숏에서 클로즈업 등으로, 또는 역순으로 클로즈업에서 미디엄 숏, 미디엄 숏에서 롱 숏 등으로 연결하는 것이 바람직하다. 이렇게 되면 내용상의 연속성이 살아나게 되는데, 예를 들어 맨 처음 숏에서 출연자가 오른손으로 수화기를 집어들었다면 이어지는 모든

숏에서 수화기는 출연자의 오른손에 들려 있어야 하는 것이다(그림 1-17 참조).

그림 1-17 거리의 급격한 변화. 롱 숏에서 클로즈업으로 바로 컷하면 시청자들은 누구의 얼굴이 클로즈업되었는지 알 수 없다. 중간에 미디엄 숏을 넣는 것이 좋다.

또한 동일한 주체를 크기나 각도가 비슷한 숏으로 연결하거나 연속동작의 중간부분을 삭제한 점프컷이 생기지 않도록 해야 한다. 카메라 각도 또한 편집작업에서 중요한 구성요소 중의 하나이다. 기본적인 원칙은 숏이 바뀔 때 숏의 크기와 카메라의 각도가 바뀌어야 한다는 점이다.

② 주체의 위치(subject location)

화면에서 주체의 위치가 일관성 있게 배치되도록 편집해야 한다. 이 문제는 편집자가 유념해야 할 점이라기보다는 촬영할 때 연출자와 촬영자가 주의해야 할 사항이다(그림 1-18 참조). 모든 촬영에는 이른바 '180도 법칙'이 적용된다. 이것은 촬영할 때 피사체와 카메라 사이에 180도의 상상의 선을 긋고, 이 선을 넘지 말아야 한다는 것을 뜻한다. 전문용어로는 이를 이매지너리 라인(imaginary line)이라고 부른다.

그림 1-18 주체의 위치를 살리는 편집. 두 사람이 대화하는 장면을 촬영할 때, 두 사람의
시선과 방향이 서로 마주 보도록 편집하는 것이 좋다.

③ 움직임(movement)

움직임이 있는 숏을 편집할 때에는 움직임의 연속성을 유지하기
위해 최대한 노력해야 한다. 이를 위해서는 다음의 방법을 사용하
면 된다. 첫째, 주체가 움직이고 있을 때 컷한다. 예를 들어 의자에
서 일어나는 사람을 클로즈업에서 롱 숏으로 연결할 때에는 그 사
람이 일어나기 시작할 때나 거의 다 일어났을 때, 즉 동작을 멈추
기 전에 컷한다[13]. 둘째, 움직이는 피사체를 따라 카메라가 팬
(pan)할 때에는 다음 숏을 정지된 숏으로 컷하는 것은 좋지 않다.
마찬가지로 정지된 숏에서 움직이는 숏으로 컷하는 것도 바람직하
지 않다. 동적인 숏은 동적인 숏으로, 정적인 숏은 정적인 숏으로
연결하는 것이 자연스럽다는 뜻이다. 셋째, 움직이는 물체는 방향
(좌, 우, 전, 후)을 가지므로 편집할 때 방향의 일관성이 확립되도

---

13) 편집작업에서 '컷한다'라는 표현이 자주 사용되는데, 이는 화면전환 방법
의 세 가지 종류, 즉 컷(cut), 디졸브(dissolve), 와이프(wipe) 중에서 가
장 많이 쓰이면서도 가장 중요한 방법인 컷 방법으로 '화면전환을 한다'라
는 뜻이 된다.

록 노력해야 한다. 프레임인(frame-in)이나 프레임아웃(frame-out)되는 숏을 편집할 때에도 마찬가지이다[14] (그림 1-19 참조).

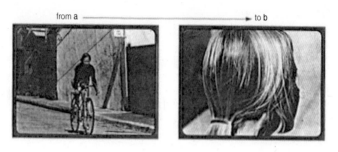

from a ━━━━━━━━━━━━━━━━━━ to b

그림 1-19 카메라 각도의 급격한 변화. 카메라 각도를 갑자기 바꾸어 숏을 연결하면 시
청자는 내용을 파악하는 데 혼란을 느낄 수 있다.

④ 음향(sound)

영상편집에는 대부분 영상과 음향의 편집이 동시에 이루어지므로 편집자는 음향에 대한 이해가 있어야 한다[15]. 대화나 인터뷰를 편집할 때에는 대화자의 호흡과 쉼 등을 조절하여 리듬을 살리도록 한다(그림 1-20 참조). 또 주위음(ambience sound)은 편집의 연속성을 살리는 데 중요한 역할을 하므로 분리해서 작업하거나 볼륨 조정에 주의해야 한다. 음악을 편집할 경우에는 박자에 맞추어 컷하는 것이 일반적이다. 느린 음악이나 박자가 강하지 않은 분위기의 음악은 디졸브를 많이 사용한다.

---

14) 프레임인은 이미 촬영되고 있는 화면으로 주체가 들어오는 것을 말하고, 프레임아웃은 그 주체가 다시 화면 밖으로 사라지는 것을 말한다. 이때 카메라는 주체를 따라 팬(pan)하지 않는다.
15) ENG 편집작업을 할 때, 대개의 경우 인서트 모드에서 오디오를 먼저 편집하고 그 다음에 오디오에 맞는 비디오를 편집한다. 이렇게 편집할 때에는 편집이 시작되는 지점과 끝나는 지점에 깨끗한 오디오를 가지고 있는지 확인해야 한다.

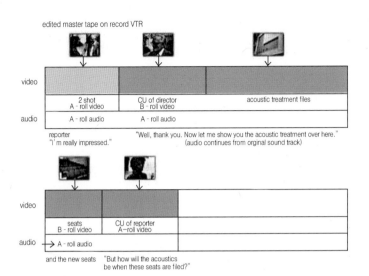

edited master tape on record VTR

video			
	2 shot A - roll video	CU of director B - roll video	acoustic treatment files
audio	A - roll audio	A - roll audio	

reporter
"I' m really impressed."

"Well, thank you. Now let me show you the acoustic treatment over here."
(audio continues from orginal sound track)

video			
	seats B - roll video	CU of reporter A−roll video	
audio →	A - roll audio		

and the new seats   "But how will the acoustics
be when these seats are filed?"

그림 1-20 오디오에 비디오를 맞추는 편집. 오디오 트랙을 먼저 기록한 후 오디오 내용
에 맞추어 비디오 트랙을 삽입하는 것을 말한다. 뉴스나 다큐멘터리 프로그
램에서 많이 사용되는 방법이다.

고도의 긴장상태라든지 그 밖의 여러 감정상태나 분위기를 만들
어 내기 위해 음향을 화면에 앞서 내보낼 수도 있고, 화면이 나온
뒤에 나오게 할 수도 있다. 이것은 편집자가 편집작업을 하는 가운
데 고려해야 할 요소이다. 화면에 선행하여 나오는 음향으로 시청
자의 관심을 촉발시키고자 할 때는, 흔히 화면보다 4프레임 정도
앞서 음향을 삽입한다. 이것을 스플릿(split) 편집이라고 부른다(그
림 1-21 참조). 음향은 또한 시청자들에게 장면, 장소, 시간의 전환
등을 알게 할 수도 있다.

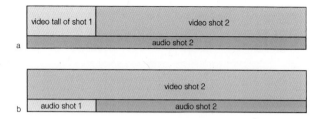

그림 1-21 스플릿 편집. 오디오 트랙을 비디오 트랙보다 4~5프레임 앞서 녹화하거나 비디오 트랙을 오디오 트랙보다 4~5프레임 앞서 녹화하는 것을 말한다.

⑤ 색(color)

야외촬영을 할 때에는 장소와 조명 조건에 다양한 변화가 생기기 때문에 색의 통일에 어려움이 있다. 장소가 다른 경우에는 별 문제가 아닐 수 있으나, 동일한 장소에서 동일한 피사체의 색이 다를 경우에는 반드시 색을 조정하여 색의 연속성이 살아나도록 해야 한다. 색의 통일성에 대해서는 촬영 단계부터 유의해야 하나, 최종적으로 편집 단계에서도 점검해야 한다.

2
영상편집의 문법

1. 영상편집의 원리

편집을 결정하는 데에는 세 가지 기본요소가 있다. 첫째는 숏의 내용, 즉 화면 속에 어떤 내용이 담겨 있는가이며 둘째는 숏의 길이, 즉 영상의 템포를 결정하는 요소이다. 숏의 길이가 길면 평화롭고 한가한 분위기를 나타내게 되며 짧은 숏은 긴장감을 조성하게 된다. 셋째는 숏의 배열이다. 선택된 숏들이 어떠한 순서로 배열되느냐에 따라 전달되는 의미가 크게 달라질 수도 있다는 데 편집의 묘미가 있다. 예를 들어 ①미소짓는 남자의 얼굴, ②겨누고 있는 권총, ③놀라는 남자의 얼굴이라는 숏이 있을 때 ①②③의 순서로 배열하면 남자가 겁쟁이라는 내용을 담게 되지만, 반대로 ③②①의 순서로 배열하면 오히려 남자는 권총 앞에서도 당당하다는 인상을 주게 된다.

편집의 원리는 숏과 숏이 연결된 이음매를 시청자들이 눈치채지 못하게 하는 것이다[1]. 사람이 어떠한 현상을 관찰할 때 흐르는 시선의 흐름처럼 자연스럽게 숏을 연결하는 것이 편집의 원리이자 목

---

1) 이것을 '보이지 않는 편집(invisible editing)'이라고 부른다.

표라고 할 수 있다. 영상이 편집되었다는 사실을 눈치채지 못하고 부드럽고 자연스럽게 연결함으로써 시청자로 하여금 영상이 조작되었다는 사실을 잊고 스토리에 몰입하게 만드는 것이 가장 이상적인 편집인 것이다. 그렇게 하기 위해서 피사체의 행위 도중에 컷하는 방법을 많이 쓴다. 시청자의 눈이 행위에 집중되어 있다면 숏의 전환을 쉽게 눈치채기 어려울 것이다.

2. 영상편집의 표현 기교

1) 비유와 상징
편집은 메시지를 직설적으로 표현하지 않고 상징과 비유를 통해 간접적으로 표현할 수 있게 한다.

2) 조형일치(graphic match)
조형일치는 화면의 형태, 색채, 구도, 인물의 움직임과 속도 등 조형적 유사성을 통해서 숏을 연결하는 방법이다.

3) 시선일치(eyeline match)
시선일치는 편집의 기본이다. 촬영할 때 중요한 숏을 빠뜨리거나 촬영해 온 숏에서 시선의 방향이 맞지 않을 때가 있다. 예를 들어 한 남자가 어딘가를 보고 있는 숏과 한 여자가 걸어오고 있는 숏을 연결시키면 '남자가 여자를 보고 있다'라는 메시지가 생긴다. 남자의 시선이 위를 향하고 있다면 카메라는 여자를 앙각(low angle)으로 잡아야 할 것이며, 반대로 남자가 아래를 내려다보고 있다면 여자를 부각(high angle)으로 잡아야 할 것이다. 이처럼 시선의 방향에 맞추어서 촬영을 하고 편집을 해야만 시청자는 등장인물이 어디에 있으며, 누구를 보고 있고, 또 누구와 대화를 나누고 있는지 정확하게 이해할 수 있는 것이다.

4) 시간의 처리

오랜 시간이 경과했다는 것을 알려 주기 위해서는 페이드나 디졸브와 같은 장면전환을 많이 쓴다. 그러나 필요에 따라서는 컷으로도 시간의 경과를 과감하게 표현할 수 있다. 편집을 통해 시간의 생략과 비약, 확장과 축소, 이동 등을 다양하게 표현할 수 있다.

시간의 확장을 나타내기 위해서는 하나의 행위를 여러 각도에서 촬영한 후, 숏들을 연결하여 중복 편집하거나 같은 숏을 반복하여 연결하거나 행위 사이에 일련의 숏들을 삽입하는 등의 방법으로 실제 행위시간보다 길게 보이도록 할 수 있다.

5) 시간의 이동

영상의 세계에서는 타임머신이 필요 없다. 편집을 이용하여 과거와 미래의 시간 속으로 자유자재로 넘나들 수 있기 때문이다. 회상 장면과 같이 현재에서 과거로 이동하는 기법을 플래시 백(flash back)이라고 하며, 이와 반대로 현재에서 미래로 이동하는 것을 플래시 포워드(flash forward)라고 하여 앞으로 일어날 일에 대한 상상 등을 표현하는 데 자주 쓰인다.

6) 평행편집 (parallel editing)

평행편집은 두 개 이상의 사건을 교차시키면서 시간 경과에 따라 숏의 길이를 점점 짧게 편집함으로써 극적 긴장감을 상승시키는 기법을 말한다. 다른 말로 교차편집(cross cutting) 또는 인터컷(intercut)이라고도 한다. 평행편집은 원래 쫓고쫓기는 추적으로 서스펜스가 끝없이 전개되는 액션 드라마에서 자주 사용된다.

7) 음향의 몽타주

영상과 음향을 조화시켜 메시지를 표현하는 기법을 말한다. 예를 들어 등장인물의 비명 소리와 달려오는 기차 소리를 연결시켜서 효과적으로 장면전환을 할 수 있다.

3. 화면전환 기법

숏과 숏을 연결하는 방법을 화면전환(transition)이라고 하는데, 주로 컷(cut), 디졸브(dissolve), 와이프(wipe), 페이드(face) 등이 사용된다.

1) 컷

컷은 가장 일반적으로 이용되는 전환 기법이다. 컷은 한 숏에서 다른 숏으로 촬영된 그대로의 상태로 연결되는 것을 말한다. 컷 작업이 제대로 이루어진 경우에는 컷의 연결을 시청자들이 의식하지 못한다. 컷이 이용되는 경우는 출연자의 행동이 연속적으로 이루어지는 경우나, 내용 또는 장면의 변화가 일어났을 경우이다.

컷을 하기 위해서는 반드시 합당한 이유가 있어야 한다. 편집자는 경험이 많이 쌓일수록 컷을 하는 데 필요한 동기를 잘 찾아낸다. 편집자는 경험을 통해 어느 지점에서 편집작업이 필요한지 정확하게 포착할 수 있게 된다. 편집자는 컷을 할 때 편집의 기본 원칙인 연속성이 깨지지 않도록 항상 유의해야 한다.

컷 작업을 했다는 사실이 눈에 두드러지게 보일 때 이를 점프컷이라고 부른다. 원칙적으로 항상 자연스럽고 매끄러운 컷 연결이 되도록 노력해야 하며, 점프컷은 그 적절한 사용에 관해 확실하게 알게 되기 전에는 사용하지 않는 것이 좋다.

2) 디졸브

디졸브는 화면전환 기법 중 두 번째로 많이 이용되는 방법이다. 이것은 숏을 서로 포갬으로써 시청자들이 인식하는 효과를 얻는 것인데, 앞 숏의 마지막 부분에서 다음 숏이 포개지면서 점진적으로 보이기 시작한다. 앞의 숏은 점차 희미해지면서 새로운 숏이 뚜렷하게 보이는 것이다. 컷과는 달리 시청자에게 의도적으로 장면의 전환을 알려 주는 기능을 갖는다.

디졸브는 시청자의 눈에 확연히 인식되는 화면전환 방법인데 주로 시간, 장소, 주제의 변화가 있을 때나 시간의 진행을 느리게 해야 할 필요가 있을 때, 또는 사라지는 이미지와 새롭게 등장하는 이미지 사이의 영상적 관계가 강할 때 사용한다. 주의해야 할 사항은 디졸브될 두 개의 숏이 서로 포개질 수 있는 구도를 지니고 있어야 한다는 점, 영상적으로 대립되는 것이어서는 안 된다는 점이다. 디졸브할 때는 두 숏의 음향도 함께 디졸브되어야 하며, 카메라 각도도 서로 다르게 촬영된 것이어야 한다.

만일 디졸브할 때 중간지점에서 영상이 너무 긴 시간 동안 지속된다면 디졸브가 아니라 마치 이중노출처럼 인식될 수 있다. 한편, 디졸브가 너무 짧으면(20프레임 이하) 시간을 잘못 맞춘 컷처럼 보일 수 있다. 효과적인 디졸브 작업을 하기 위해서는 필요에 따라서 디졸브 시간을 1~3초 정도로 하는 것이 좋다.

3) 와이프

와이프는 하나의 숏이 새로운 프레임의 형태를 가진 다른 숏에 의해 대체되는 화면전환 방법이다. 마치 뒤에 오는 화면이 앞 화면을 밀어내는 듯한 시각적 효과를 주기 때문에 와이프— '닦아낸다'의 뜻—라고 부른다. 대부분의 AV 믹서(mixer)에는 다양한 효과를 지닌 와이프 기능이 장착되어 있다. 와이프 역시 디졸브처럼 앞의 화면과 뒤에 오는 화면의 관계를 좀더 뚜렷하게 구분하는 역할을 한다. 따라서 스토리의 주제가 바뀌거나, 내용 또는 장면이 바뀌어 새로운 에피소드가 시작될 때 사용하는 것이 좋다.

와이프는 뉴스, 드라마, 다큐멘터리에서는 거의 쓰이지 않으나, TV광고에서 많이 쓰이는 화면전환 기법이다. 최근에는 디지털 비디오 효과기의 등장으로 무궁무진한 와이프 효과를 손쉽게 선택하여 사용할 수 있다.

4) 페이드

페이드는 하나의 영상으로부터 완전한 흑색 또는 백색 화면으로 (페이드아웃, fade-out), 또는 흑색 또는 백색화면으로부터 어떠한 영상으로(페이드인, fade-in) 옮아가는 점진적인 전환기법이다. 뉴스 프로그램에서는 페이드가 거의 사용되지 않는 반면, 다큐멘터리 또는 프로그램과 광고 사이에 공백을 암시하기 위해서 자주 쓰이는 기법이다.

페이드인은 주로 프로그램이 시작할 때, 새로운 장면이 시작할 때, 시간의 변화가 있을 때 사용하며, 페이드아웃은 프로그램이 끝날 때, 어떤 장면이 종료될 때, 시간의 변화가 있을 때 사용한다. 페이드 역시 다른 전환기법과 마찬가지로 그 기법을 사용하기 위해서는 적합한 편집 동기가 반드시 있어야 한다.

4. 영상편집의 유형

편집에는 다음과 같이 다섯 가지 유형이 있다.

① 액션편집(action editing)

② 화면위치편집(screen position editing)

③ 형태편집(form editing)

④ 컨셉트편집(concept editing)

⑤ 복합편집(combined editing)

1) 액션편집

　액션편집은 동작편집(movement editing) 또는 콘티편집 (continuity editing)이라고도 불리며, 대개의 경우 컷으로 연결된다. 출연자가 어떠한 행동을 할 때 그 동작의 연속성에 초점을 두면서 컷하는 경우가 이에 해당된다.

그림 2-1 액션편집

　예를 들어 사무실에 한 남자가 책상에 앉아 있는데 전화벨이 울리는 숏과 그 남자가 수화기를 집어들고 전화를 받는 숏이 있다고 가정해 보자. 이 두 개의 숏이 어떻게 하면 매끄럽게 편집될 수 있는지 살펴 보기로 하자(그림 2-1 참조).

　우선 화면에서 전화벨이 울릴 때 시청자는 그 남자가 수화기를 집어들고 응답할 것이라는 사실을 알게 된다. 즉, 어떠한 행동이 유발될 것이라는 편집 동기가 부여되는 숏이 되는 것이다. 첫번째 숏은 미디엄 숏이 될 것이므로 시청자들은 사무실의 모습과 그 남자가 어떤 자세로 앉아 있는지, 그가 무엇을 하고 있는지 볼 수 있다. 두 번째 숏은 더 많은 정보를 시청자들에게 제공해 준다. 즉, 그 남자가 어떻게 생겼는지, 걸려온 전화에 어떤 반응을 보이는지에 대해 알게 된다. 화면을 통해 그 남자의 몸짓과 표정, 말투까지

상세히 알게 된다. 이 숏은 당연히 남자가 클로즈업되어야 할 것이다. 여기에서는 두 번째 숏이 시청자에게 새로운 정보를 주고 있다는 사실에 주목해야 한다.

숏의 구도에 있어서 첫번째 숏은 사무실 환경을 잘 나타낼 화분, 책상 배열, 앉아 있는 남자 등을 포함하면 좋은 구성이 될 것이다. 두 번째 숏은 남자의 머리 위로 적절한 헤드룸(head room)을 두어 균형 있게 클로즈업시키는 것으로 충분할 것이다. 즉, 구도가 잘 잡힌 숏을 포함하는 것이 중요하다.

이 두 숏에는 동일한 배경음향이 깔려 있어야 한다. 사무실 밖의 교통 소음이든 사무실 안의 주변음이든 동일한 배경음향을 사용해야 음향의 연속성이 유지되기 때문이다.

그러나 두 숏의 카메라 각도는 서로 달라야 한다. 첫번째 숏은 45도 측면에서 남자의 옆얼굴을 잡는 것이 좋고, 두 번째 숏은 수화기를 든 남자의 정면을 잡는 것이 좋다. 동일한 각도에서 이 두 숏을 촬영하여 편집한다면 점프컷이 되고 말 것이다.

동작의 연속성을 고려한다면, 첫번째 숏에서 남자가 수화기를 집어드는 손과 두 번째 숏에서 수화기를 들고 있는 손이 동일해야 한다. 이런 문제는 촬영할 때 숏을 기록하는 사람에게 출연자의 동작, 복장, 표정 등을 세밀하게 기록하게 한다면 해결된다.

2) 화면위치편집

화면위치편집은 방향편집 또는 배치편집이라고 불린다. 숏의 연결은 컷이 될 수도 있고 디졸브가 될 수도 있으나, 시간의 경과가 없는 경우에는 대개 컷으로 연결한다. 이 편집은 주로 제작 이전 단계 또는 촬영 단계에서 계획해야 한다. 편집 방법은 첫번째 숏에 나타난 동작이나 연기에 근거하여 시청자의 시선을 새로운 화면위치로 인도하게끔 한다.

그림 2-2 화면위치편집.
　　　　등장인물의 시점(point-of-view) 숏을 연결하면 된다.

예를 들어 사막을 걷고 있는 두 사람의 롱 숏, 땅바닥을 향해 무엇인가를 가리키고 있는 두 사람의 미디엄 숏, 땅바닥에 나 있는 사람의 발자국을 담은 숏이 있다고 가정하자. 이러한 경우에는 각 숏의 카메라 각도를 달리하고, 두 사람의 행동에 연속성을 두어 편집해야 할 것이다. 여기에서 편집의 동기는 두 사람이 발자국을 실제로 가리키고 있다는 사실이다. 이에 근거하여 다음에 오는 숏은 사람 발자국이 클로즈업되어야 할 것이다. 이런 동기에 의해 편집하는 것을 화면위치편집이라고 한다(그림 2-2 참조). 그 밖에 권총으로 누군가를 위협하는 사람의 숏과 이에 놀라는 사람의 숏을 연결할 때, 또는 무대에서 사회자가 다음 출연자를 소개하는 상황에서 사회자가 "여러분, 가수 ○○○를 모시겠습니다. 박수로 환영해 주십시오"라고 하는 숏과 무대에서 걸어나오는 가수의 숏을 연결할 때 화면위치편집이 사용될 것이다.

3) 형태편집

형태편집이란 두드러진 외양이나 색채, 부피, 음향 등을 담고 있는 하나의 숏을 그것과 부합되는 외양, 색채, 부피, 음향을 담고 있는 또 다른 숏으로 전환하는 것을 말한다. 닮은 이미지를 이용하여 디졸브를 통해 두 화면을 겹치게 함으로써 다음 숏으로 자연스럽게 연결할 때 사용하는 전환기법이다. 음향이 편집 동기가 되는 경우에는 컷으로 편집하지만, 대부분의 경우 형태편집은 디졸브로 처리한다. 특히 장소 또는 시간의 변화가 있을 경우에는 거의 디졸브를 사용한다.

예를 들어, 무더운 여름날 천장에는 선풍기가 돌아가고 있고, 그 방에 있는 몇 명의 사람들이 자신들을 구조해줄 헬리콥터를 기다리던 중 헬리콥터가 도착한다는 스토리를 편집한다고 가정하자. 첫번째 숏은 선풍기가 포함된 실내의 롱 숏이 되어야 할 것이고, 다음은 회전하고 있는 선풍기의 클로즈업이 필요할 것이며, 이어서 도착하고 있는 헬리콥터의 풀 숏(full shot)이 필요할 것이다. 이 숏들을 연결할 때 클로즈업된 선풍기와 도착하는 헬리콥터의 프로펠

러를 디졸브하면 흥미 있는 편집이 될 것이다. 여기에서 편집은 컷이나 디졸브 중 어느 것으로도 이루어질 수 있으나, 디졸브를 이용하면 시간이 좀더 많이 흘렀다는 사실을 암시한다고 볼 수 있다(그림 2-3 참조).

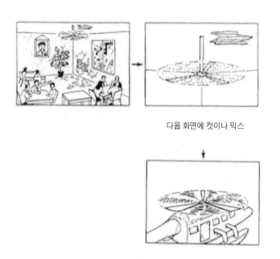

다음 화면에 컷이나 믹스

그림 2-3 헬리콥터 날개의 형태편집

4) 컨셉트편집

컨셉트편집은 어떠한 개념 또는 아이디어를 근거로 시청자의 마음 속에 하나의 스토리를 전달하기 위한 편집을 말한다. 이 편집 방법을 적절하게 이용하면 스토리의 분위기가 만들어지고, 극적인 상황을 강조하여 표현할 수 있으며, 추상적인 아이디어까지도 창출할 수 있다. 컨셉트편집을 가능하게 하는 것은 숏에 담기는 구성요소가 아니라, 두 개의 숏을 서로 연결했을 때 생겨나는 효과가 시청자의 마음 속에 새로운 개념을 심어 주는 것이다. 따라서 다른 편집 유형보다 까다로운 편집이라고 할 수 있으며, 제작 이전 단계부터 계획을 수립하는 것이 중요하다.

컷

The tear jerker
"……이 영혼에 평화를 주옵소서, 아멘."

낡은 시계가 똑딱거림을 멈춘다.

믹스

The mission impossible
항해사가 조종사에게:"X4호기가 기지로
돌아갈 확률은 얼마나 되는가?"

공군사령관의 손이 X4 깃발을
쓰러뜨린다.

그림 2-4 컨셉트편집

예를 들어 임종을 고하기 직전의 환자가 유언을 마치고 숨을 거두는 스토리를 편집한다고 가정하자. 여기에는 침대에 누워 유언하고 있는 환자의 미디엄 숏이 필요하다. 그렇다면 그 다음은 어떤 숏을 연결하여 컨셉트편집을 할 수 있을까? 그 환자와 관련 있는 소품(가령 건강할 때 찍은 가족사진)이 화면의 구성요소로 등장하고, 그 옆에 놓인 낡은 시계가 똑딱거리는 소리를 멈추는 숏을 컷으로 연결하면 좋을 것이다. 그 밖에 전쟁터에서 병사가 총에 맞아 숨지는 스토리를 실제로 병사의 연기를 통해 보여주는 대신 병사의 깨진 안경이 땅바닥에 떨어지는 숏을 나타낼 때 더욱 극적인 표현이 될 수 있다(그림 2-4 참조).

5) 복합편집

복합편집은 앞에서 설명한 네 가지 편집 유형을 두 가지 이상 섞어서 편집하는 방법을 말한다.

5. 영상편집의 기본 실무

영상편집과 관련하여 편집자가 명심해야 할 기본적인 사항에는 다음과 같은 것이 있다.

① 오디오와 비디오는 서로 조화를 이루는 동반관계이다.

오디오는 영상제작 과정에서 비디오의 동반자이며, 비디오에 기울이는 노력과 똑같이 조심스럽게 세부적인 사항에까지 주의를 기울여 편집해야 한다. 오디오는 비디오에 담긴 메시지를 확장해 주는 역할을 해야 한다. 예를 들어 기차역 표지판이 있는 숏이라면 기차가 지나가는 소리가 필요할 것이다. 그렇게 함으로써 메시지는 더욱 강해지고 스토리의 내용도 쉽게 이해될 수 있을 것이다.

② 새로운 숏에는 반드시 새로운 정보가 담겨 있어야 한다.

편집된 모든 숏에는 시청자들에게 보여 주는 새로운 사실을 담고 있어야 한다. 이런 숏들이 연결됨으로써 연속성이 유지되고 메시지가 효과적으로 전달되는 것이다.

③ 모든 편집에는 합당한 동기가 있어야 한다.

편집에서 동기는 프로그램의 연속성을 완성시켜 주는 역할을 한다. 즉, 동기는 메시지 전달에 필요한 정보나 상황을 담은 장면이나 숏을 연결함으로써 자연스럽게 스토리가 진행될 수 있게 도와 주는 역할을 한다. 좋은 예로 반응 숏(reaction shot)이나 주관적 시점 숏(point-of-view shot)을 들 수 있다. 대화를 나누고 있는 두 사람이 등장하는 숏에서 반응 숏을 이용하여 화자의 말을 귀담아 듣고 있는 상대방의 표정을 컷함으로써 대화 상황을 적절하게 표현할 수 있다. 주관적 시점 숏은 출연자가 어떤 물체나 방향을 응시할 경우, 그 방향에 무엇이 있는지 다음 숏으로 연결하는 것을 말한다. 반응 숏이나 주관적 시점 숏을 적절하게 사용하지 않은 영상은 밋밋할 뿐만 아니라 메시지 전달력도 약하다.

④ 적절한 편집 유형을 선택해야 한다.

편집자는 컷, 디졸브, 와이프, 페이드와 같은 편집유형을 어떠한 분위기와 의미를 담은 숏으로 표현할 것인지 고려해야 한다. 특정한 편집 유형을 불필요하게 남용한다든지, 엉뚱한 상황에서 부적합한 편집 유형을 선택한다면 시청자들은 실망하고 말 것이다.

⑤ 잘 된 편집은 눈에 띄지 않는다.

제대로 편집된 프로그램에서는 시청자의 눈에 '편집' 되었다는 인식을 주지 않고 스토리가 자연스럽게 흘러가게 된다. 시청자들이 편집된 부분을 의식하고 있다면, 연속성이 완전하게 유지된 편집이 아니라는 것을 의미한다. 시청자의 눈에 띄지 않는 편집이라면 자연스럽고 매끄럽게 스토리를 전달할 수 있다.

이러한 기본 사항을 바탕으로 실제로 편집작업을 할 때 준수해야
할 관행들에 대해 살펴 보기로 한다.

컷으로 연결시키지 말라

역시 컷으로 연결하지 말라

이것은 컷으로 연결시켜도 좋다

그림 2-5 헤드룸의 높이가 일정한 숏끼리 연결하는 것이 좋다.

● 헤드룸

앞뒤로 연결되는 숏들은 모두 일정한 헤드룸(head room)이나
노즈룸(nose room)을 갖추어야 한다. 헤드룸이 제대로 된 숏을 잘
못된 숏에 컷하게 되면 피사체 중 한 사람이 갑자기 키가 커진 것
처럼 보이게 된다.

● 배경

피사체의 머리 부분에 어색한 물체가 가까이 있는 숏은 피하는 게 좋다. 그 물체로 인하여 피사체의 머리가 우스꽝스럽게 보일 수 있다. 이것은 촬영 단계에서 숏의 구도를 잘못 잡은 경우의 문제이다. 이런 숏은 편집에서 사용하지 말아야 한다(그림 2-6 참조).

이것은 쓸 만하다   이것은 쓸 수 없다

이것은 웃음거리가 될 뿐이다

그림 2-6 피사체의 머리 뒤쪽 배경은 항상 단순해야 한다.

● 반응 숏

반응 숏은 대사의 끝보다 중간에 넣는 것이 자연스럽게 보인다. 두 사람이 대화를 나누고 있는 상황에서 편집자가 한 사람의 이야기가 끝나고 상대편 사람이 말하는 숏을 교대로 편집한다면 밋밋하고 흥미롭지 못한 편집이 되고 만다. 이런 경우에는 한 사람이 이야기하고 있는 도중에 상대방이 듣고 있는 모습을 컷하는 것이 좋다. 대사가 끝나기 전에 상대방의 반응 숏을 넣고, 다시 말하는 사람의 숏으로 돌아오는 것이다.

●복수의 등장인물

세 사람이 대화를 할 경우, 두 대의 카메라로 촬영한 2인 숏(two shots)에서 또 다른 2인 숏으로 컷해서는 안 된다. 화면에서 가운데 출연자의 위치가 뒤바뀌는 결과를 낳게 되어 시청자에게 혼란을 줄 수 있다. 이때에는 2인 숏 대신에 1인 숏(single shot)으로 연결해야 한다(그림 2-7 참조).

●카메라 각도

동일한 피사체를 촬영할 때 카메라 각도의 변화 없이 숏의 크기만 바꾸면 점프컷이 되기 쉽다. 카메라 각도를 최소한 30도 이상 옮겨서 다른 크기의 숏을 찍어야 한다(그림 2-8 참조).

●클로즈업

인물의 클로즈업은 얼굴 전면을 잡는 것이 좋다. 예를 들어 책상 앞에 한 남자가 있는데 전화벨이 울리자 수화기를 집어들고 통화하는 상황을 가정해 보자. 이때 45도 측면에서 풀 숏으로 책상과 남자를 포함한 사무실 스케치를 촬영하고, 점프컷을 피하기 위해 남자의 정면으로 각도를 바꾸어 클로즈업을 촬영하면 될 것이다. 클로즈업 된 인물이 측면이거나 다른 소품에 의해 가려지면 숏의 효과가 떨어지므로 촬영할 때 유의하는 것이 좋다(그림 2-9, 2-10 참조).

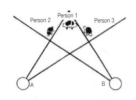

포지션 B에서 잡은 2인 숏
(인물 1이 화면 오른쪽에 있음)

포지션 A에서 잡은 2인 숏
(인물 1이 화면 왼쪽에 있음)
이 두 숏을 컷으로 연결하면 점프컷이 된다.

그림 2-7 복수의 등장인물. 두 사람의 위치가 화면에 일관성
있게 나타나도록 유의해야 한다.

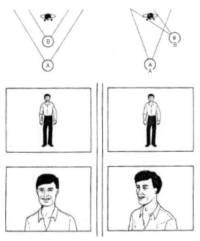

예) 카메라 포지션 A에서 잡은 롱 숏   예) 카메라 포지션 A에서 잡은 롱 숏
　　포지션 B에서 잡은 MCU　　　　　　　　　　포지션 B에서 잡은 MCU

그림 2-8 카메라 각도를 최소한 30도 이상 옮겨서 촬영하면 점프컷을 피할 수 있다.

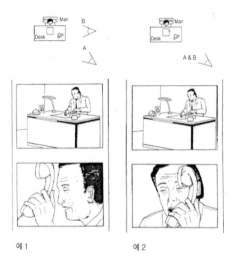

예 1   예 2

그림 2-9   인물의 클로즈업은 정면에서 잡는다. 측면 숏은 시청자에게 등장인물에 대한 부정적 인식을 갖게 한다. 예 1, 2는 좋지 않은 숏이다.

예 3

숏 A

숏 B

그림 2-10   인물의 클로즈업을 정면에서 잡은 좋은 예이다.

● 동작

의자에 앉아 있는 사람이 일어서는 장면을 컷할 때에는 앞에 오는 숏에서는 피사체의 눈이 화면에 담기도록 하는 것이 좋으며, 그 뒤에 오는 숏은 다 일어선 모습을 담아야 자연스러운 동작으로 인식된다. 이러한 관행을 지키는 이유는 출연자의 눈을 화면에 계속 담음으로써 시청자의 시선을 끌 수 있는 요인이 되기 때문이다. 출연자의 눈은 시청자의 시선을 끌어당기는 힘을 가진다(그림 2-11 참조).

● 팬(pan)

피사체가 움직이는 모습을 팬이나 트랙(track)으로 촬영한 숏은 동일 피사체의 정적인 숏에서 컷하지 않는다. 이렇게 되면 점프컷과 비슷한 상황을 가져오기 때문이다. 바람직한 방법은 숏 안에서 피사체의 행동이 종료되거나 프레임아웃(frame-out)된 다음에 컷하는 것이다. 컷 연결에 적절한 지점은 정적인 프레임이어야 하며, 피사체가 움직이고 있을지라도 카메라는 정지해 있는 프레임이어야 한다. 쉽게 말하면 팬이나 줌, 트랙 등의 카메라 워크(camera work)가 멈춘 순간 컷하는 것이 좋다는 뜻이다(그림 2-12 참조).

이 두 숏을 컷 연결할 경우 전혀 움직임이 없다. '일어서는' 것이 될 수 없는 것이다.

이것은 '너무 빠른' 컷이 된다. 일어서는 동작이 없기 때문이다.

이 컷은 제대로 된 컷이다. 첫번째 숏에서 눈동자가 여전히 화면 내에 있음을 주목하라.

머리가 프레임 밖으로 사라져 버렸다. 이것은 '너무 늦은' 컷이 되고 만다.

그림 2-11 동작을 연결하는 숏. 등장인물의 눈이 화면 밖으로 벗어나기 전에 컷한다.

● 라인(line)

모든 숏과 카메라 사이에는 이매지너리 라인이 존재한다. 어떤 방향으로 움직이고 있는 인물과 같은 피사체를 찍은 숏일 때, 이 라인의 한 방향에서만 촬영한 숏을 선택해서 편집해야 한다. 이것은 위치의 연속성에 관한 문제이다. 그렇지 않으면 피사체가 움직이는 방향이 서로 충돌한다는 인상을 주게 된다. 라인을 부득이하게 넘어야 하는 상황이라면, 그러한 정보를 담은 숏을 적절히 삽입하는 것이 좋다.

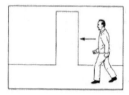

이 남자는 오른쪽에서 왼쪽으로 걸어가고 있다.

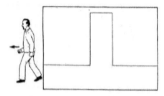

이 남자를 컷 작업이 이루어지기 전에 프레임 밖으로 사라지게 하라.

조용히 서 있는 남자의 숏

그림 2-12 팬 숏과 정지 숏의 연결

이와 비슷한 상황으로, 어떤 인물이 프레임의 왼쪽으로 빠져나갈 경우 다음 숏에서 이 사람은 프레임의 오른쪽에서 들어오도록 편집해야 한다. 이 방법은 움직이는 물체나 대상, 인물에 대해 적용되는 아주 기본적인 관행이다. 화면을 가로지르는 방향은 항상 일정해야 하는데, 그 이유는 시청자들이 그것을 기대하고 있기 때문이다. 방향이 바뀔 경우에는 그러한 정보를 담은 숏을 반드시 포함시켜야 한다.

숏 크기의 변화

클로즈업 숏이 계속 연결될 경우 가능한 한 빨리 롱 숏을 이어 주는 것이 시청자들로 하여금 상황을 파악하게 하는 데 도움이 된다. 일련의 미디엄 숏이나 클로즈업 숏이 나온 다음에는 곧이어 시청자들에게 해당 숏의 장소를 확인시켜 주는 배려를 해야 한다. 즉, 피사체들 서로와 주변환경에 대해 맺고 있는 관계를 보여 주는 롱 숏을 클로즈업 숏들의 중간에 적절하게 제시해 주면 시청자의 이해를 돕는 역할을 하는 것이다(그림 2-13 참조).

새로운 인물의 등장

새로운 인물이나 피사체가 최초로 등장할 경우 롱 숏에서 곧바로 클로즈업 숏으로 편집하는 것이 좋다. 시청자는 새로운 인물이나 피사체에 대해 아는 것이 적기 때문에 새로운 인물의 특징을 자세히 관찰하고자 하는 욕구를 느끼게 된다. 롱 숏은 인물이나 피사체가 다른 피사체와 어떠한 관계를 맺고 있는지와 그를 둘러싼 주변환경을 보여 주는 역할을 하므로, 클로즈업 숏으로 시청자들이 새로운 피사체에 대한 정보를 파악할 수 있도록 해주어야 한다(그림 2-14 참조).

일련의 클로즈업 숏 다음에는
해당 장면을 다시 확인시켜 주는
롱 숏을 보여 주어야 함을
잊지 말라.

그림 2-13 숏 크기의 변화

VLS, 집사 등장 　　　　　　　MCU, '부르셨습니까, 주인님?'

그림 2-14 새로운 인물이 등장할 때에는 곧바로 자세히 보여 준다.

3
디지털 영상편집

1. 디지털 영상편집의 개념

디지털 영상편집이란, 쉽게 말해 영상을 편집할 때 비디오 테이프 대신 컴퓨터 하드디스크에 저장된 파일을 이용하여 편집하는 것을 말한다. 여기에는 컴퓨터 하드웨어와 편집용 소프트웨어의 사용이 포함된다. 컴퓨터 파일의 데이터 속성이 디지털이기 때문에 디지털 영상편집이라고 부르는 것이다. 다른 말로 비순차편집(nonlinear editing) 또는 영어로 줄여서 NLE라고 부르기도 한다. 편집 매체가 테이프가 아니라 컴퓨터 하드디스크이므로 편집할 때 반드시 녹화되는 순서대로 편집하지 않아도 되기 때문에 비순차편집이라고 하는 것이다. 이것은 컴퓨터의 정보처리 기능 중에서 랜덤 액세스(random access) 때문에 가능한 것이다(그림 3-1 참조).

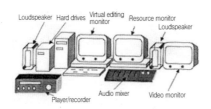

그림 3-1 디지털 영상편집 시스템

이에 반해 아날로그 영상편집은 비디오 테이프에 녹화된 화면을 편집하는 것을 의미한다. 테이프는 기본적으로 순서에 의존하는 매체이다. 처음부터 차근차근 감겨야 하고, 또 감긴 시간만큼 풀리는 데에도 같은 시간이 소요된다. 즉, 테이프는 연속적인 특성을 갖고 있기 때문에 아날로그 편집이라고 부르는 것이다. 여기에는 재생 VTR, 녹화 VTR, 편집기를 포함한 주변장비들이 필요하며, 편집할 때에는 테이프가 감기는 순서에 맞추어 일련의 화면을 녹화하게 된다. 예를 들어 50개의 숏으로 완성될 어떤 프로그램이 있다고 가정하자. 그런데 20번 숏을 잘라내고 새로운 숏을 넣고자 할 때, 아날로그 편집에서는 복잡한 문제가 발생한다. 즉, 새로 추가되는 20번 숏 이후로 모두 재편집해야 하는 번거로움이 생기는 것이다. 그렇지 않다면 20번 숏 대신 새로운 숏을 추가하여 그 분량만큼 이미 편집된 숏을 지우는 수밖에 없다. 이렇게 복사를 반복함으로써 원본 영상의 화질은 점점 나빠지게 되는 단점을 지닌다(그림 3-2 참조).

디지털 영상편집은 한 마디로 아날로그 영상편집의 개념에 컴퓨터의 장점을 그대로 적용시킨 것이다. 뿐만 아니라 앞에서 언급한 아날로그 편집의 단점을 완전히 해소해 준다. 여러분의 이해를 돕기 위해 문서편집에서의 타자기와 워드 프로세서의 성능에 비유해 볼 수 있다. 타자기로 문서를 작성할 때는 이미 완성된 페이지에 새로운 문장을 삽입해야 할 필요가 있을 경우, 수정하는 지점부터 모두 다 새로 쳐야 한다. 이것은 아날로그 문서편집에 해당한다. 워드 프로세서는 문서의 어느 곳이든지 자유롭게 삭제, 복사, 붙이기 등을 할 수 있다. 새로운 낱말이나 문장이 삽입되면 자동으로 한 줄씩 밀려서 편집된다. 이것이 디지털 문서편집인 셈이다.

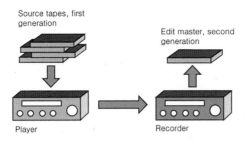

Source tapes, first generation

Edit master, second generation

Player

Recorder

Simple tape dub editing system with shots selected from the source tapes and copied to the edit mater on the record machine

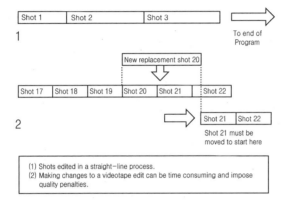

| Shot 1 | Shot 2 | Shot 3 |

1

To end of Program

New replacement shot 20

| Shot 17 | Shot 18 | Shot 19 | Shot 20 | Shot 21 | Shot 22 |

2

| Shot 21 | Shot 22 |

Shot 21 must be moved to start here

(1) Shots edited in a straight-line process.
(2) Making changes to a videotape edit can be time consuming and impose quality penalties.

그림 3-2 비디오 테이프를 이용한 편집의 문제점. 복사를 반복할수록 화질이 나빠진다.

디지털 영상편집의 또 다른 장점은 오디오와 비디오 트랙을 거의 무한정 사용할 수 있다는 점이다. 비디오 테이프의 경우, 비디오 트랙 1개, 오디오 트랙 2개가 사용 가능한 트랙 수이지만, 디지털 편집에서는 기술적으로 100개에 달하는 트랙까지도 사용할 수 있 다. 게다가 첨단 편집 효과를 낼 수 있는 소프트웨어들을 쉽게 사 용할 수 있다.

비용 또한 아날로그와 디지털 편집의 장단점을 비교할 수 있는 기준이 된다. 아날로그 편집을 하기 위해서는 필요한 장비의 수가 많기 때문에 자연히 비용이 많이 든다. 반면, 디지털 편집은 한 대의 컴퓨터 시스템과 녹화 VTR만 있어도 충분하기 때문에 복잡한 장비 연결의 문제를 해결할 수 있고 비용도 저렴하다.

디지털 편집의 단점은 영상을 저장할 수 있는 용량의 한계에서 나타난다. 편집에 필요한 모든 영상자료가 컴퓨터 파일로 저장되어야 하는 디지털 편집에서는 영상 파일들이 엄청난 메모리를 차지하게 된다. 아날로그 편집은 단순히 테이프에 저장하기만 하면 되지만, 디지털 편집은 하드디스크의 용량에 따라 제약을 받게 된다. 요즘 2GB부터 수십 GB를 저장할 수 있는 대용량 하드디스크가 보편화되고 있지만, 언제나 그 최대 용량의 한계는 존재하게 마련이다. 따라서 영상을 무한정 컴퓨터에 저장할 수는 없기 때문에 편집자는 하드디스크를 적절하게 관리할 필요가 있다.

아날로그 편집에 익숙한 편집자가 처음 디지털 편집을 접하게 되면 컴퓨터에 대한 두려움으로 꺼리는 경향이 있기도 하지만, 디지털 편집의 편리함에 익숙해지면 다시 아날로그 편집으로 돌아가고 싶지 않다고 말하기도 한다. 현재 방송 시스템도 아날로그를 버리고 디지털로 전환하는 것이 세계적인 추세이므로, 앞으로의 영상편집 방식도 모두 디지털로 바뀌게 될 것이라고 예측할 수 있다.

2. 디지털 영상의 이해

1) 격행주사 방식

텔레비전 모니터에 나타나는 영상 이미지는 격행주사(interlaced scanning) 방식을 통해 프레임을 생성한다. 격행주사 방식이란 두 개의 필드(field)를 교대로 주사하여 하나의 프레임을 만드는 것을 말하는데, 한 필드는 프레임의 홀수 주사선만을 갖고 있고 다른 하나는 짝수 주사선을 갖고 있다. 이렇게 하는 이유는 낮은 프레임 속도에서 화면이 깜박이는 것을 방지할 수 있기 때문이다.

필드당 주사선의 수가 몇 개인가에 따라 국가별로 서로 다른 표준방식을 가지고 있다. 영국을 비롯한 유럽 일부 국가에서는 PAL (Phase Alternating Line) 방식을 채택하고 있는데, 필드당 312.5개의 주사선이 있어서 두 개의 필드, 즉 하나의 프레임을 형성하는 데에는 625개의 주사선을 갖는다. 필드는 초당 50개가 반복적으로 주사된다. 미국에서 채택하고 있는 NTSC(National Television Standards Committee) 방식은 필드당 262.5개의 주사선, 즉 프레임당 525개의 주사선으로 구성된다. PAL 방식은 1초에 25개의 프레임으로, NTSC 방식은 30개의 프레임으로 화면을 생성한다. 정확하게 말하면 NTSC 방식은 29.97개의 프레임으로 구성되어 있다. 필드는 초당 60개가 반복된다. 한편, 프랑스에서 채택하고 있는 SECAM 방식은 625개의 주사선을 사용하고 1초에 25개의 프레임으로 화면을 만들어 낸다(그림 3-3 참조).

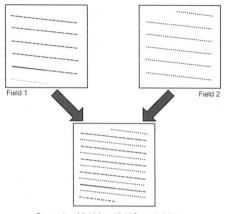

A simple 11 line scanning system

Field 1

Field 2

Composite of field 1 and field 2 equals 1 frame.
The two fields interface when displayed.

그림 3-3 격행주사 방식

2) 컴퓨터 모니터

컴퓨터 모니터는 텔레비전 모니터와는 달리 순차주사(progressive scanning) 방식을 사용하며 주사선 수도 PAL이나 NTSC 방식보다 훨씬 많기 때문에 화면의 해상도가 높다. 순차주사는 각각의 주사선이 순차적으로 앞의 주사선을 따라가는 주사 방식을 말하는데, 필드와 프레임의 비가 동일하다. 순차주사 방식에서는 필드 반복 속도가 80개에 달하므로 고가의 텔레비전 모니터보다도 아주 뛰어난 화질을 재생한다. 다만, 텔레비전 모니터가 생성하는 색상과 컴퓨터 모니터가 생성하는 색상에 차이가 있기 때문에 편집할 때 유의할 필요가 있다. 밝기나 색상을 통일시키기 위해서는 파형측정기(waveform monitor)와 벡터스코프(vectorscope)를 사용하는 것이 좋다(그림 3-4 참조).

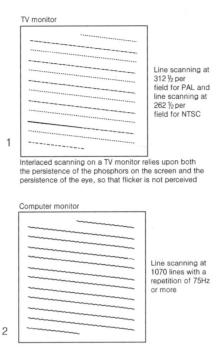

TV monitor

Line scanning at
312 ½ per
field for PAL and
line scanning at
262 ½ per
field for NTSC

1

Interlaced scanning on a TV monitor relies upon both
the persistence of the phosphors on the screen and the
persistence of the eye, so that flicker is not perceived

Computer monitor

Line scanning at
1070 lines with a
repetition of 75Hz
or more

2

그림 3-4 격행주사 방식과 순차주사 방식의 화면 비교

3) 디지털 신호

아날로그 신호는 진폭 안에 있는 파형 신호에서 모든 값을 연속적으로 취하는 신호인 반면에, 디지털 신호는 이 파형에서 일정 수준 이상의 신호를 0과 1로 부호화한 신호를 말한다. 디지털 신호를 알기 위해서는 표본화(sampling), 양자화(quantization), 부호화(coding)의 뜻을 알아야 한다.

● 표본화

영상, 음성 등의 아날로그 신호를 디지털 신호로 변환하는 최초의 처리가 표본화이다. 표본화된 신호로부터 원래의 신호로 완전히 복원하기 위해서는 입력 신호의 주파수 대역, 즉 최고 주파수의 2 배 이상의 주파수를 표본화해야 한다. 디지털 신호는 아날로그 신호에서 일련의 값을 지정하여 표본을 취한다. 이 표본에는 나중에 복원되는 데 필요한 모든 정보가 들어 있다. 아날로그 신호에서 디지털 신호로 변환하는 것을 변조(coding), 디지털 신호에서 아날로그 신호로 변환하는 것을 복조(decoding)라고 한다(그림 3-5 참조).

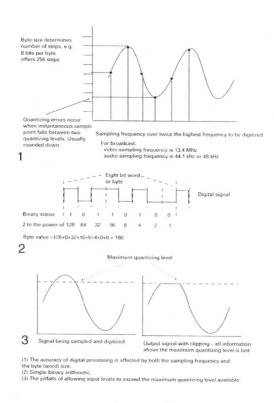

그림 3-5 표본화

방송용 비디오의 표본화 주파수(sampling frequency)는 44.1kHz 또는 48kHz, 오디오의 표본화 주파수는 14.3MHz이다.

● 양자화

양자화란 표본화된 신호 값을 일정한 배수가 되는 정수로 표현하는 것을 말한다. 즉, 연속적인 아날로그 값을 분리적인 디지털 값으로 표현하는 과정이다. 이 과정에서 양자화 잡음(quantization noise)이 발생하게 되는데, 이것은 디지털 신호 처리에 필연적으로 수반되는 것으로 양자화 비트 수에 의해 결정된다. 방송용 품질을 갖추기 위해서 오디오 신호는 16~20비트로 양자화하며, 비디오 신호는 8~10비트로 양자화한다.

● 부호화

시간 축 방향으로 표본화하고, 진폭 방향으로 양자화한 결과로 얻은 값을 0과 1만으로 구성되는 디지털 부호로 변환하게 되면 완전한 디지털 신호가 된다.

4) 디지털 신호의 압축

일반적으로 비디오 신호와 오디오 신호를 아날로그에서 디지털 신호로 변환하면 정보량(대역, bandwidth)이 크게 증가하여 그대로는 방송할 수 없기 때문에 신호의 대역압축이 필요하다. 예를 들어 대역폭 4MHz인 비디오 신호를 14.3MHz로 표본화하고 8비트로 양자화하면, 그 비트 속도는 114Mbps가 된다. 이것은 57MHz 정도의 엄청난 대역폭으로 아날로그 신호의 14배에 달한다. 따라서 제한된 대역 안에서 많은 영상 프로그램과 음성 프로그램을 전송하려면 정보량을 줄여야 할 필요가 있다.

방송용 화면을 디지털로 변환하면 프레임당 1MB의 용량을 차지하게 된다. PAL 방식에서는 25MB, NTSC 방식에서는 30MB의 용량이 필요하다. 컴퓨터 하드디스크는 초당 25MB 이상의 정보를 처리할 수 있는 성능을 가져야 한다. 따라서 압축을 하지 않으면 디지털 영상의 처리가 불가능하게 된다. 전파의 효율적 이용이라는 점에서는 압축률을 높이는 것이 좋지만, 압축률을 높일수록 품질이 나빠진다.

텔레비전은 매초 30프레임으로 구성되는데, 프레임 내에서 하나의 화소의 진폭(밝기)은 상하좌우에 인접한 화소의 진폭과 매우 유사하며, 또한 연속된 프레임에서도 동일 위치의 화소의 진폭은 유사하다. 이러한 성질을 이용하는 것이 대역압축의 기본이다. 동화상의 경우 움직임의 크기와 방향, 즉 동벡터(motion vector)를 검출하여 한 프레임 전의 신호를 동벡터만큼 이동시키면 2개의 영상은 정지하고 있는 것으로 취급할 수 있게 된다. 이러한 기술을 동보정(motion compensation)이라고 하며, 오늘날 디지털 대역압축의 근간기술이 되고 있다.

5) 압축방식의 표준화

방송용 영상 압축에는 크게 JPEG과 MPEG으로 나눌 수 있다.

① JPEG(Joint Photographic Experts Group)

JPEG은 정지화상의 압축 및 부호화를 위한 국제 표준을 제안하기 위해서 ISO 산하에서 결성된 표준화 그룹의 이름인 동시에 이 단체가 제정한 컬러 정지화상의 부호화 표준을 말한다. 정지화상의 부호화를 위한 것이므로 프레임 단위의 처리가 요구되는 편집 시스템용 압축방식으로 널리 사용되고 있다. JPEG은 이진 화상을 제외한 그레이 레벨에서부터 컬러 화상에 이르는 거의 모든 종류의 정지화상의 압축 및 부호화를 위한 국제 표준을 정의하고 있다. JPEG은 무손실 압축(lossless compression) 기법은 물론 손실허용 압축(lossy compression)기법을 모두 제공할 뿐만 아니라, 순차 재생(sequential retrieval)과 점진 재생(progressive retrieval)을 모두 지원한다.

② Motion JPEG

고속의 JPEG 압축·신장용 칩을 이용해 초당 30프레임 의 실시간 처리가 가능한 보드가 개발되었다. VHS 품질의 압축률은 20:1 정도로, 초당 1MB를 넘는 데이터 처리속도가 나온다. Motion JPEG은 대량의 드라이브, 버스, 프로세서가 소요되므로 일반 보급용 멀티미디어에는 많이 사용되지 않는다.

JPEG은 정지화상용 표준이므로 Motion JPEG과 관련된 오디오 처리 표준이나 동기(synchronization) 기술이 없다. 또한 각각의 보드 제작업체가 서로 다른 기술을 채택하여 독특한 비트 스트림을 구성하고 있기 때문에 제품들의 호환성이 없는 실정이다. 그러나 Motion JPEG은 비디오 편집기와 같은 응용 분야에 널리 적용되어, 현재 대부분의 디지털 영상편집 시스템은 Motion JPEG 보드를 사용하고 있다.

③ MPEG(Moving Picture Experts Group)

MPEG은 동화상 전문가 그룹이란 뜻으로, 1988년 설립된 MPEG에서 제정한 동화상에 대한 압축, 해제방식을 정의한

규격을 말한다. 정지된 화상을 압축하는 방법을 고안하고 있는 JPEG과는 달리, MPEG은 시간에 따라 연속적으로 변하는 동화상 비디오 데이터의 압축과 코드 표현을 통하여 정보 전송이 이루어질 수 있는 방안을 연구하고 있다.

MPEG-1은 SIF(Source Input Format)를 채택하여 동화상과 관련 오디오를 최대 1.5Mbps의 속도로 VHS보다 약간 좋은 수준의 영상품질을 제공한다. MPEG-1은 보통 320× 240 화소(pixel)의 해상도로 운용된다.

MPEG-2는 영상제작용 고품질 비디오 전송표준을 말한다. 영상 신호에는 인트라프레임(intraframe)과 인터프레임(interframe), 두 가지 종류의 잉여성분(redundancy)이 존재한다(그림3-6, 3-7 참조). MPEG-1에서는 I(intra), P(predictive), B(bi-directional) 프레임 등 세 가지가 사용된다. I 프레임은 프레임 안에서 DCT를 이용하여 압축된다. P 프레임은 선행하는 I 프레임 또는 P 프레임으로부터 움직임 예측에 의해 만들어지는데, 60:1 정도로 압축된다. B 프레임은 전후의 I, P 프레임으로부터 양방향 보간(interpolation)에 의해서 만들어지며 더욱 낮은 비트 속도를 필요로 할 때 사용될 수 있다.

MPEG-2는 비디오 레코딩에 필요한 최소 단위로 GOP(group of picture)를 가진다. 반드시 I 프레임으로 코딩을 시작하며 끝날 때는 I 또는 P 프레임으로 끝난다. 하나의 GOP 안에 포함되는 프레임의 최대 개수는 20여 개이다. I 프레임은 공간적 중복성에 대한 정보를 가지며, P와 B 프레임은 시간적 중복성에 대한 정보를 가진다. 디지털 영상편집의 랜덤 액세스(random access) 기능의 사용으로 MPEG보다는 JPEG에 Motion Compensation을 합쳐서 각각의 비디오 프레임이 인접 프레임에 관계 없이 압축 가능한 Motion JPEG이 각광을 받게 되었다.

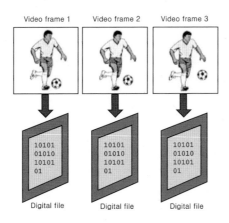

그림 3-6 인트라프레임 코딩. 낱개의 프레임을 기준으로 디지털화된다.

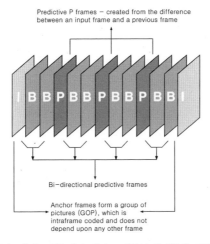

그림 3-7 인터프레임 코딩. 여러 개의 프레임이 한꺼번에 디지털화된다.

3. 디지털 영상편집 시스템

영화편집은 원래 필름을 마음대로 잘라내고 붙여 넣을 수 있기 때문에 비순차편집의 원조라고 할 수 있다. 그러나 아날로그 시스템의 영상편집은 비디오 테이프에 영상이 녹화되는 관계로 원천적으로 필름처럼 편집작업을 할 수가 없다. 테이프가 감기는 순서대로 편집해야 하는 순차편집(linear editing) 방식을 따라야만 한다.

그러나 디지털 영상편집은 디지털 캠코더와 컴퓨터를 케이블로 연결시킨 후, 컴퓨터에 내장된 영상 캡처보드를 통해 영상소스를 하드디스크에 디지털 파일로 저장하기 때문에 자유자재로 영상파일들을 불러내서 편집하거나 삭제할 수 있다. 이것이 바로 컴퓨터를 이용한 디지털 영상편집의 탁월한 강점이다. 영상소스들이 디지털 파일로 존재하기 때문에 몇백 번을 지우고 기록하더라도 화질이 나빠지지 않는다. 아날로그 카메라로 찍은 영상소스를 아날로그 방식으로 편집할 때 서너 번만 복사해도 화질이 현저하게 떨어지는 것과 좋은 대비를 이룬다(그림 3-8 참조).

디지털 영상편집의 단계를 간략히 설명하면 다음과 같다(그림 3-9 참조). 예를 들어 60분 분량의 영상을 디지털 캠코더로 촬영했을 경우, 전체 영상을 모두 컴퓨터로 캡처(capture)한 다음, NG(no good) 숏들을 골라서 잘라낸 후, OK 숏들을 다시 잘게 나누어 잘라서 동영상 파일(avi 또는 mov)로 저장한다. 여러 조각의 OK 숏 파일들을 대본에 맞추어 재배치시키면 기본편집이 끝나게 되는 것이다. 이렇게 함으로써 편집시간을 획기적으로 줄일 수 있게 된다.

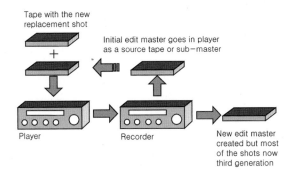

Tape with the new
replacement shot

Initial edit master goes in player
as a source tape or sub−master

+

Player

Recorder

New edit master
created but most
of the shots now
third generation

그림 3-8 아날로그 편집에서 복사의 반복으로 화질이 나빠지는 과정

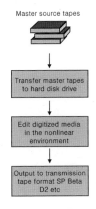

Master source tapes

Transfer master tapes
to hard disk drive

Edit digitized media
in the nonlinear
environment

Output to transmission
tape format SP Beta
D2 etc

그림 3-9 디지털 영상편집의 기본 단계

1) 오프라인과 온라인 편집

오프라인 편집은 다른 말로 가편집이라고 부른다. 디지털 영상편집에서 오프라인 편집이란, 낮은 화질의 영상으로 압축률을 높여서 저장용량의 효율성에 비중을 두는 편집을 뜻한다. 오프라인 편집의 궁극적인 목적은 편집결정목록(EDL, editing decision list)을 만드는 것이다. 아날로그 편집(테이프를 이용한 편집)에서는 종이에 EDL을 작성하거나 테이프에 대충 컷 편집만 하는데, 디지털 편집

에서는 편집 소프트웨어를 이용하여 실제로 편집작업을 수행하게 된다. 이렇게 만들어진 EDL 파일을 바탕으로 최종 편집된 내용을 검토하고 수정할 수 있다. EDL 파일은 압축을 많이 하기 때문에 메모리가 크지 않아 플로피 디스크에도 저장할 수 있을 정도이다. 이 EDL 파일을 온라인 편집 디렉토리에 옮긴 후 최종 편집작업을 실행하면, EDL에 기록된 모든 컷, 디졸브, 와이프, 페이드 등의 화면전환 방법이 자동으로 적용되어 최종 완성본이 편집된다. 최종 편집에서는 압축률을 낮추어 화질도 높이게 된다(그림 3-10 참조).

온라인 편집은 방송용 최종 편집을 말한다. 일반적으로 2:1 정도의 압축률을 적용하나 뉴스 프로그램 등은 5:1의 압축률도 허용되는 경우가 있다. 온라인 편집의 출력은 방송용 베타 테이프 등에 녹화됨으로써 완성된다.

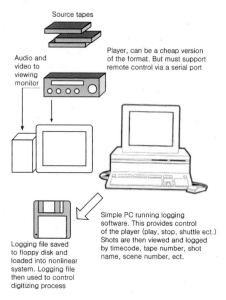

그림 3-10 미디어 로깅(logging) 방법

2) 디지털 캠코더

캠코더는 영상을 찍기 위한 기본 장비로서, 편집시 때때로 VTR 역할도 한다. 디지털 영상편집을 위해서는 아날로그 캠코더(보통 8mm 혹은 Hi8mm)보다는 디지털 캠코더로 촬영하는 것이 여러모로 좋다. 그 이유는 영상을 캡처할 때 컴퓨터에서 디지털 캠코더를 제어하는 것이 가능하므로, 1프레임의 오차도 없이 정밀하게 캡처할 수 있기 때문이다(그림 3-11 참조).

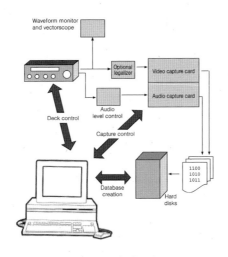

그림 3-11 캡처 시스템

한편, 캠코더를 VTR 기능으로 자주 쓰면 카메라 헤드의 수명이 단축될 수 있으므로 가능하면 캠코더는 촬영할 때만 쓰고 전용 DV 리코더를 구입해서 사용하는 것이 좋다. 최근 판매되고 있는 디지털 캠코더들은 DV 방식의 카메라로서 iLINK(DV단자)를 지원하므로 촬영한 영상을 동영상 캡처보드로 캡처하여 화질의 손상 없이 편집작업을 할 수 있다. iLINK는 디지털 프로토콜인 IEEE 1394

표준으로 모든 종류의 디지털 제품에 담겨 있는 디지털 데이터를 큰 용량이라도 빠른 스피드로 전송할 수 있는 유선 네트워크 시스템을 말한다. 6㎜ 디지털 캠코더의 경우, 촬영한 영상은 파이어 와이어(fire-wire)라고 불리는 연결 케이블을 캠코더의 출력단자와 컴퓨터에 장착된 동영상 캡처보드의 입력단자에 연결하여 내려 받게 된다. 6㎜ 전용 DV 레코더를 사용하여 캡처할 때도 같은 방법으로 연결하면 된다.

3) 모니터와 VTR

모니터는 동영상을 캡처할 때나 편집할 때, 그리고 편집을 마치고 최종적으로 시사할 때 사용한다. 컴퓨터 모니터와 TV 모니터로 나누어 생각해볼 수 있는데, 컴퓨터 모니터는 프리미어(Premiere)나 포토샵(Photoshop) 등의 작업 인터페이스를 고려할 때 가급적 17인치 이상의 모니터를 사용하는 것이 좋다. 같은 17인치라도 도트피치 0.28보다는 0.24~0.26을 지원하는 것이 좋다. 도트피치가 조밀할수록 해상도가 좋기 때문이다.

19인치 평면 모니터나 TFT-LCD, 즉 액정모니터를 쓸 수 있다면 편집환경은 한결 쾌적해진다. 15인치나 14인치 모니터를 쓸 수 없는 것은 아니지만 인터페이스가 작아서 눈의 피로가 심하므로 피하는 것이 좋다. 그래픽카드가 하드웨어적으로 full-overlay를 지원하는 경우에는 별도의 편집용 TV가 없어도 컴퓨터 모니터 상에서 대부분의 편집이 다 이루어질 수 있다. 그렇지만 컴퓨터 모니터 상에서는 정확한 색상 재현이나 자연스러운 영상 재현이 어렵기 때문에 TV를 연결해 놓고 작업하는 것이 좋다. TV는 영상을 풀 사이즈(full size)로 볼 수도 있고 색상 재현도 쉽게 확인할 수 있기 때문에 편집 능률면에서 훨씬 좋다.

　디지털 영상편집이 아니더라도 A/V전용 모니터는 필수적인 장비이다. 대부분의 경우 편집자는 이 모니터를 가까이에 놓고 보기 때문에 16인치 이상의 TV는 오히려 눈에 부담을 줄 수 있으므로, 집에서 쓰는 14인치 정도의 TV 정도라면 무난하다. 물론 편집이 완료되었을 경우에는 25인치 이상의 TV를 이용해 시사하는 것이 좋다. 큰 화면으로 보면 편집하면서 지친 심신도 조금은 상쾌해질 것이다.

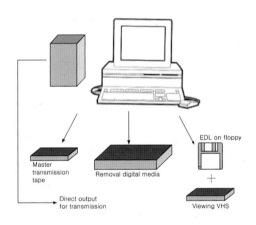

그림 3-12 디지털 영상편집물의 출력

　VTR은 컴퓨터를 이용하여 편집한 영상을 녹화하기 위해 필요한데, 용도에 따라 DV 전용 VTR을 쓰거나 아날로그용 S-VHS를 지원하는 VTR을 사용한다. 디지털 캠코더로 촬영한 영상물을 방송사에 공급할 때에는 6㎜ 테이프에 최종 편집완료 작품을 복사하여 제출하면 된다. 방송사에서는 이것을 방송용 베타 테이프에 다시 복사하여 송출하는 것이 일반적이다. 방송사에서 쓰는 송출 테이프의 포맷이 베타 테이프이기 때문이다(그림 3-12 참조).

4) CPU와 메모리

CPU는 컴퓨터의 처리속도를 좌우하는 매우 중요한 부분이다. 특히 동영상 편집에 있어서는 더욱 그렇다. 컴퓨터의 성능은 CPU의 처리속도와 메인 메모리(RAM)의 크기에 따라 크게 좌우되기 때문이다. 메인 메모리는 특히 편집 완료 후의 렌더링(rendering)[1] 속도를 좌우하는 가장 중요한 요소이다. 얼마 전까지만 해도 컴퓨터 편집의 큰 약점으로 렌더링 속도가 느린 점을 지적하는 경우가 많았다. 그러나 최근의 편집 소프트웨어들은 리얼타임으로 렌더링을 실행할 만큼 성능이 매우 좋아졌다. 여기에다 메인 메모리의 용량만 충분하다면 렌더링 속도는 크게 문제되지 않는다.

컴퓨터 영상편집을 위해서는 최소한 64MB 이상의 RAM이 요구되고, 128MB 이상이 권장된다. 256MB 정도의 RAM을 사용하면 더욱 좋을 것이다. 한편, 메인보드(main board)는 최적의 편집환경을 위해 가격을 떠나 성능이 입증된 제품을 쓰는 것이 좋은데, 최근에는 Ultra DMA 방식을 사용하는 하드디스크 드라이브가 주종을 이루고 있으므로 Ultra DMA를 지원하는지의 여부도 점검하는 것이 좋다.

---

1) 워드프로세서에서 편집을 다 마친 후 파일로 저장을 하듯이, 동영상 편집을 할 때 한 컷 한 컷 붙여 놓은 소스 파일들을 하나의 전체 파일로 통합시키는 것을 말한다.

5) 그래픽카드

3차원 동영상 게임이나 인터넷에서 멀티미디어 콘텐츠를 즐기기 위한 용도로 점점 더 중요해지고 있는 컴퓨터 구성요소로 그래픽카드(VGA카드)를 꼽을 수 있다. 컴퓨터 영상편집을 할 때 역시 그래픽카드의 성능은 매우 중요하다. 그래픽카드를 잘못 선택하면 호환성 문제로 메인보드와 충돌을 일으키거나 영상 캡처카드와 충돌을 일으켜 부팅조차 안 되는 경우가 발생할 수 있다. 최근에는 AGP 그래픽카드가 그래픽카드의 주종을 이루고 있다. AGP 그래픽카드는 기존의 PCI 방식보다 빠른 전송속도로 좀더 많은 데이터를 처리할 수 있기 때문이다. AGP 그래픽카드를 사용하기 위해서는 메인보드가 이를 설치할 수 있는 슬롯을 지원해야 한다. 따라서 메인보드 구입시에 AGP 지원 여부를 꼼꼼히 살펴 나중에 낭패를 보는 일이 없도록 해야 한다.

컴퓨터 영상편집을 위해 반드시 확인해야 할 것이 그래픽카드의 동영상 오버레이(overlay) 지원 여부이다. 오버레이를 지원하는 그래픽카드를 사용하면 캡처를 할 때나 편집을 할 때, 또는 출력을 할 때 별도의 A/V 모니터 없이도 모든 작업내용을 컴퓨터 모니터 상에서 확인할 수 있기 때문이다. 그리고 그래픽카드의 비디오메모리는 최소 4MB 이상이어야 하는데, 요즘에는 기본적으로 8~16MB의 비디오 메모리를 기본적으로 장착한 고성능 그래픽카드들이 대다수를 차지하고 있다.

6) 하드디스크

컴퓨터 하드디스크에는 내장(internal) 하드디스크와 외장 (external) 하드디스크가 있다. 편집용 영상을 저장하기 위해 내장 하드디스크를 사용하는 경우는 거의 드물고, 주로 외장 하드디스크를 사용한다. 외장 하드디스크를 여러 개 연결하여 데이터 처리속도를 높이는 것을 RAID(Redundant Arrays of Independent Disks)라고 한다. 이것은 독립된 디스크를 여러 개 배열하여 구성한 보조기억장치로, 중대형 컴퓨터의 보조기억장치로 많이 사용되고 있다. 기존의 보조기억장치에 비해 더 큰 용량을 훨씬 저렴한 가격에 구축할 수 있다는 장점이 있다. 네트워크를 통해 사용할 수 있는 네트워크 RAID도 존재하는데, 하드디스크를 연결할 때에는 짝수로 하는 것이 좋다(그림 3-13 참조).

하드디스크 용량은 GB(giga byte)로 나타내는데[2], 다음 사항을 고려하여야 한다.

- 압축 비율 또는 초당 프레임 크기
- 텔레비전의 표준(25프레임 또는 30프레임)
- 디지털 처리될 트랙(오디오와 비디오)의 수
- 여분 용량

하나의 주사선이 차지하는 화소(pixel)의 수는 720Y+360Cr+360Cb=1,440개이다. 프레임당 576개의 주사선이 있다고 하면 1,440×576=829,440 픽셀이 된다. PAL 방식의 경우, 초당 25개 프레임과 830KB의 프레임 크기를 가지는데 1초 동안 방영되는 비

---

2) 일반적으로 GB라는 약자로 표시되는 데이터의 용량 단위. 2의 30승에 해당되는 10억 바이트를 1GB라고 한다.

디오는 21MB를 차지한다. 1GB 용량으로는 47초 분량의 비디오밖
에 저장하지 못한다. NTSC 방식의 경우도 이와 마찬가지이다.

48kHz의 표본 주파수와 16비트로 양자화되는 오디오의 경우에는
초당 녹음에 필요한 용량이 48kHz×2bytes＝96KB가 된다.

압축을 하게 될 경우에는 압축률에 따른 비디오 프레임 속도를
고려하는 것이 중요하며, 보통 15KB에서 360KB 사이가 일반적이
다. 디지털화되는 비디오의 숏이 복잡하고 화면 크기가 클수록 많
은 용량을 차지하게 된다. 복잡한 숏이란 카메라가 많이 움직이거
나 화면에 포함되는 소재들이 많은 것을 말한다.

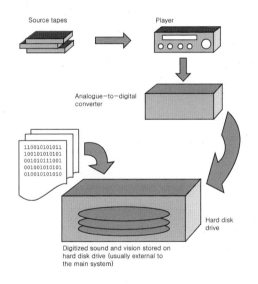

그림 3-13 컴퓨터의 외장 하드디스크

하드디스크는 용량이 허용하는 한계까지 다 사용하는 것은 좋지
않다. 대략 50MB 정도의 여유 용량을 두는 것이 작업을 좀더 순조
롭게 해준다. 당연한 이야기이지만, 컴퓨터 하드디스크의 용량이

크면 클수록 영상을 캡처하거나 편집을 할 때 무리가 따르지 않는다. 하드디스크에는 동영상 캡처를 위한 공간뿐만 아니라 편집 소프트웨어를 설치할 공간도 필요하다. 즉, 자막이나 타이틀 등을 만드는 데 필요한 Photoshop과 영상편집 소프트웨어인 Premiere, 더 나아가 3차원 그래픽스를 위한 AfterEffect 및 VGA카드, 사운드카드 등을 위한 설치공간을 생각해야 한다. 물론 시스템 하드디스크와는 별도로 대용량의 하드디스크를 편집전용으로 사용하는 것이 좋다. 요즘에는 10GB 이상의 대용량 하드디스크를 손쉽게 구할 수 있는데, 4.3GB 정도를 시스템하드로 사용하고 10GB 정도의 하드디스크 2~3개를 편집전용으로 사용하는 것이 가장 좋은 방법이다(그림 3-14 참조).

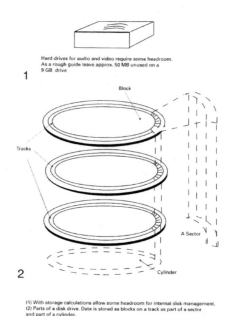

Hard drives for audio and video require some headroom.
As a rough guide leave approx. 50 MB unused on a
9 GB drive

1

Block

Tracks

A Sector

2

Cylinder

(1) With storage calculations allow some headroom for internal disk management.
(2) Parts of a disk drive. Data is stored as blocks on a track as part of a sector
and part of a cylinder.

그림 3-14 하드디스크의 구조.

편집용 컴퓨터는 단순히 개인용 컴퓨터라고 하기보다는 하나의 '영상편집기'와 같다. 하드디스크는 영상캡처나 출력을 직접 담당하므로 Frame Drop 현상이 발생하지 않도록 해야 하고 지속적인 데이터 전송을 유지할 수 있어야 한다. CPU나 메모리(RAM)가 전체적인 처리속도에 영향을 준다면, 하드디스크는 영상을 기록하고 재생하는 데 있어서 가장 중요한 역할을 한다.

동영상 편집을 위해서는 보통 스카시(SCSI) 하드를 많이 사용한다. 그러나 최근 UltraDMA를 지원하는 E-IDE 하드를 사용해도 프레임이 끊기지 않고 작업할 수 있는 제품들이 출시되고 있다.

7) 편집 소프트웨어

컴퓨터로 영상을 편집하기 위해서는 적절한 컴퓨터 하드웨어를 갖추는 것뿐만 아니라 영상 편집 소프트웨어가 필요하다. 즉, 우리가 텍스트 편집을 위해 아래한글이나 워드, 혹은 훈민정음을 쓰는 것처럼 디지털 편집을 위해서는 크게 2D 그래픽 툴(tool)과 동영상 편집을 위한 편집 소프트웨어가 필요하다.

2D 그래픽 툴은 타이틀작업이나 자막작업을 할 때 쓰게 되는데, 요즘 나오는 대부분의 동영상 편집 소프트웨어는 타이틀작업 기능이 기본적으로 내장되어 있는 경우가 많다. 그런데도 디자인할 때 쓰는 그래픽 툴을 사용하는 것은 이 소프트웨어들이 갖고 있는 강력한 기능 때문이다. 2D 그래픽 툴은 어도비(Adobe)사에서 나온 포토샵과 매크로미디어(Macromedia)사에서 나온 파이어웍스(FireWorks)가 유명하다. 파이어웍스는 포토샵에 비해 설치 파일 사이즈가 작고 작업속도가 빠르다는 특징을 갖고 있다. 포토샵으로

타이틀이나 자막 작업을 할 줄 안다면 다른 유사한 소프트웨어를 다루는 데는 그리 어렵지 않을 것이다. 포토샵은 이미 그래픽 작업의 표준으로 자리잡아가고 있기 때문이다.

한편, 실질적인 영상편집을 위한 소프트웨어로는 어도비사에서 나온 프리미어가 가장 유명하다. 이 프로그램은 원래 CD-ROM 타이틀 제작용으로 나온 것인데, 컴퓨터를 이용한 동영상 편집이 붐을 이루면서 영상편집 소프트웨어의 기준이 되고 있다. 물론 영상편집보드를 살 때 함께 제공되는 전용 소프트웨어를 쓰는 것이 때로는 더 안정적일 수 있다. 프리미어는 원래 CD-ROM 제작용이기 때문에 TV용 동영상 편집 기능으로서 완벽하다고 할 수는 없기 때문이다. 그러나 프리미어를 다룰 줄 안다면 다른 어떤 편집 소프트웨어라도 쉽게 다룰 수 있다.

영상편집보드에 딸려 나오는 편집 소프트웨어는 오히려 각 캡처보드의 성격에 맞춰 나온 전용 편집 툴이기 때문에 안정적으로 쓸 수 있다는 강점이 있다. 이런 편집 툴로는 일본 카노푸스사에서 나오는 편집보드인 DV Raptor의 RaptorEdit와 미국 디지털오리진사에서 나오는 MotoDV의 EditDV 등이 있다. 어떤 툴을 써도 무방하지만, 포토샵과 프리미어는 이미 세계 표준이 되다시피 했기 때문에 이 두 가지 툴을 제대로 다룬다면 그 어떤 툴도 자유자재로 다룰 수 있을 것이다. 여기에 컴퓨터 그래픽스를 위한 애프터이펙트(AfterEffect)나 3D-Max를 다루게 되면 완벽한 디지털 영상편집 환경 속에서 일할 수 있게 되는 것이다.

4. 디지털 영상편집 실무

1) 비순차편집의 이해

아날로그 영상편집과 비교할 때 디지털 영상편집이 가지는 강점은 편집작업의 간편함과 신속성을 들 수 있다. 편집기의 조그 셔틀(jog and shuttle) 다이얼[3)과 씨름하면서 순서대로 비디오 테이프에 일일이 '자르고 오려 붙이는' 편집이 아니라 컴퓨터 모니터 상에서 마우스로 'drag-and-drop'하는 비순차편집이 핵심 기능이기 때문이다. 그렇다고 해서 디지털 영상편집이 편집자에게 전혀 새로운 편집 기법을 요구하는 것은 아니다. 영화필름을 편집하는 것과 같은 비순차편집 작업을 컴퓨터로 옮겨 놓은 일종의 가상 편집 시스템(virtual editing system)에 대한 이해만 갖추면 충분하다(그림 3-15 참조).

디지털 영상편집에서는 필요한 장비가 하나의 컴퓨터 시스템으로 통합되므로 장비구입에 드는 비용이 비교적 저렴하고, 제작환경이 간소해지며, 작업이 편리하고 효율이 높아지고, 다양한 디지털 효과를 이용한 영상을 제작할 수 있다. 순차편집에서는 여러 장비를 오가면서 처리해야 하는 편집작업이라도, 비순차편집에서는 하나의 시스템 안에서 작업이 이루어지기 때문에 시간을 절감할 수 있다. 또 순차편집에 대한 교육은 기본적으로 한 가지 부분만 집중적으로 교육하고, 실습하는 데에도 상당한 시간을 필요로 하지만, 비

---

3) 비디오 화면을 정밀하게 잡아내어 편집을 용이하게 하기 위해 고급 VCR이나 편집용 VCR에 장착된 핸들. 조그는 프레임 단위로 전후 화면을 잡아낼 수 있으며, 셔틀은 조그를 둘러싼 외곽 링으로 빠른 전후 화면찾기를 가능하게 한다.

순차편집의 경우 1~2주 정도만 교육을 받아도 편집이 가능하며, 특히 컴퓨터를 사용할 줄 아는 편집자라면 3~4일 정도의 집중 교육을 받으면 편집작업을 직접 수행할 수 있다. 그 이유는 비순차편집 장비들이 대부분 그래픽 이용자 인터페이스(GUI, graphic user interface)를 중심으로 구성되어 있기 때문이다.

작품의 창의성과 관련하여 순차편집의 경우 2D와 3D 그래픽, 애니메이션처럼 영상의 합성처리가 필요할 때에는 전문 제작업체에 의뢰하거나 그래픽 합성 전용장비를 별도로 구입해야 하지만, 비순차편집에서는 그래픽 소프트웨어만 추가하면 충분히 가능하고 편집자의 창의력에 따라 얼마든지 작업의 형태와 결과물의 내용에 변화를 줄 수 있다.

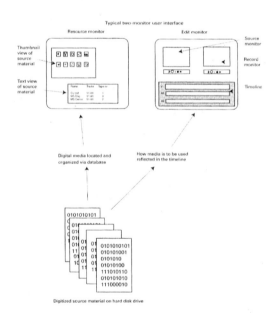

그림 3-15 비순차편집 시스템. 일종의 가상적인 편집 인터페이스로서 타임라인을 그래픽화하고, 편집작업 지시문을 데이터베이스화하는 것이 핵심요소이다.

비순차편집 환경은 일반적으로 방송 제작형과 멀티미디어 제작형으로 나눌 수 있다. 방송 제작형은 베타(Beta) 테이프용 VCR을 지원하는 것을 기본으로 하는 반면, 멀티미디어 제작형은 CD-ROM 제작용으로서 방송용처럼 리얼타임(real-time) 또는 풀 사이즈(full size) 작업을 필수적으로 요구하지 않는다. 또 멀티미디어 제작에서는 수용자의 기술 환경과 제작자의 계획에 따라 화면의 크기와 1초당 프레임 수를 적절하게 조절할 수 있다. 다만, 비순차편집에서 제작되는 영상물에 여러 가지 비디오와 오디오 효과 작업이 들어간 경우, 이 효과를 실행하는 데 걸리는 렌더링타임(rendering time)[4]이 상당히 많이 걸린다는 점이 사용하기에 불편한 요소로 작용하기도 한다.

비순차편집은 크게 세 단계를 거쳐 이루어지는데, 비디오 카메라로 촬영한 영상을 컴퓨터 하드디스크로 옮기는 캡처(capture) 과정, 캡처한 영상을 컴퓨터로 불러와 콘티에 따라 편집작업을 하는 컨스트럭션(construction) 과정, 완성된 영상물을 적절한 매체로 출력하는 엑스포트(export) 과정으로 나뉜다. 비순차편집에서 핵심적인 단계는 컨스트럭션 과정으로, 여기에서 자막제작과 다양한 비디오와 오디오 효과를 포함한 실제적인 편집작업이 모두 이루어진다.

현재 멀티미디어 제작 분야에서 가장 널리 쓰이는 비순차편집 프로그램 중 하나로 어도비사에서 만든 프리미어가 있다. 프리미어는 동영상 편집에 필요한 여러 가지 기능을 제공하는데, 비디오의 자

---

4) 컴퓨터 작업화면(construction window)에서 만든 오디오와 비디오 효과들을 미리보기(preview) 위해서는 효과실행(render effects) 명령을 주어야 효과의 결과를 관찰할 수 있는데, 이때 걸리는 시간을 렌더링타임이라고 한다. 편집작업에서 아무리 많은 효과를 주어도 효과실행 명령을 하지 않으면 컴퓨터는 원하는 효과를 만들어 내지 않는다.

유로운 편집은 물론 장면과 장면 간의 전환, 효과, 오디오의 편집
까지 가능하다.

표 3-1 프리미어의 작업화면 종류와 기능

작업화면의 종류	기 능
New Project Presets	새로운 프로젝트 화면크기 지정
Sequence Window	캡처한 파일정보 제시; 마우스로 드래그하여 옮김
Clip Window	비디오 클립, 오디오 클립, 자막 클립; 마우스로 옮김
Title Window	타이틀, 자막 제작
Construction Window	여러 클립을 이어서 하나의 편집된 영상으로 만듦; 비디오 A/B 트랙, 트랜지션 트랙, 오디오 A/B 트랙, 음향효과 트랙
Transition Window	장면전환(컷, 와이프, 디졸브, 페이드)
Preview Window	작업결과 미리보기
Trimming Window	컨스트럭션 윈도에 놓인 영상에서 불필요한 부분 삭제
Controller Window	미리보기할 때 재생되는 영상을 조절함; 타임코드 표시
Project Window	작업된 프로젝트를 저장하고 보여줌
Library Window	캡처한 클립파일에 대한 정보를 저장하고 보여줌
Info Window	캡처하여 재생하고 있는 파일에 대한 정보를 보여줌

프리미어를 이용하여 비순차편집을 하면, 컴퓨터를 통해 디지털
데이터로 변환시킨 영상을 하드디스크에 저장한 후, 이 데이터를
화면으로 불러와서 원하는 컷의 순서를 자유자재로 바꾸거나, 디졸
브(dissolve)나 와이프(wipe) 같은 효과(transition)를 편리하고 자
유롭게 넣을 수 있다. 컷의 배열은 컴퓨터 모니터에 보이는 작업화
면(construction window)에서 인포인트(in-point)와 아웃포인트
(out-point)를 정한 후, 원하는 컷을 마우스로 끌어와 삽입하는 방
법으로 이루어진다. 이러한 비순차편집은 순차편집과는 달리, 작업

자가 편집할 화면에 대한 임의접근성이 용이하다는 점과 여러 번 복사를 반복해도 화질이 나빠지지 않는다는 점을 대표적인 특성으로 들 수 있다. 즉, 순차편집에서 원하는 프레임의 앞부분과 뒷부분을 일일이 테이프에서 찾아야 하는 번거로움을 덜고, 편집자가 원하는 화면을 컴퓨터 파일 중에서 쉽게 찾을 수 있으므로 편집작업이 훨씬 간편해진다[5].

2) 비순차편집의 비밀

컴퓨터로 이루어지는 비순차편집이 기술적으로 어떻게 가능한지 알아 보자. 우선 편집작업중이라도 비디오와 오디오는 하드디스크에 저장된 상태 그대로 남아 있다. 여러 가지 편집 명령을 실행한다고 해서 당장에 파일이 변환되거나 덮어쓰기 등을 하지는 않는다. 단순히 편집 명령의 내용을 담은 작업지시문이 생성될 뿐이다. 이 지시문에는 어떤 숏이 선택되었으며, 어떤 트랙에 기록되어야 하고, 타임코드의 어느 지점부터 어느 지점까지 어떠한 화면전환 효과를 적용하여 삽입될 것이라는 등의 내용이 담겨 있다. 편집자가 컴퓨터 모니터에서 재생(play) 명령을 주면 이 지시문에 따라서 원래의 비디오와 오디오 파일을 읽으며 주어진 명령을 수행하는 것이 화면으로 보이는 것이다. 이런 작업이 가능한 것은 편집 소프트웨어에 타임라인(timeline) 기능이 있기 때문이다. 타임라인이란, 편집 명령을 담은 작업지시문을 그래픽 형태로 컴퓨터 모니터에 재

---

5) 편집작업의 완성도를 높이기 위해서는 EDL(edit decision list, 편집확정목록)을 작성하는 것이 중요하다. EDL은 제작 구성원들간에 프로그램 내용에 대한 이해를 분명하게 해줄 뿐만 아니라, 최종 편집작업에 걸리는 시간도 줄여 주기 때문에 매우 효율적이다.

현한 것이라고 할 수 있다. 이 타임라인 상에서 편집자는 자유자재로 숏을 끌어와 이어 붙이거나 잘라낼 수 있는 것이다. 이와 같은 작업들이 컴퓨터에서 모두 자동화되어 있기 때문에 편집자는 숏의 수정이나 삽입에 따른 번거로운 작업을 할 필요가 없다.

비순차편집의 비밀을 한 마디로 설명하자면, 편집자는 컴퓨터로 그래픽 환경에서 타임라인을 통해 작업을 하지만, 실제로 컴퓨터는 편집자가 선택하는 명령에 따라 일련의 작업지시문을 생성하는 데이터베이스 기능을 수행하는 것이라고 할 수 있다.

3) 주요 디지털 영상편집 용어

● 마크인(mark in) 또는 인포인트(in-point)

편집자가 편집할 숏을 선택하는 시작 지점을 뜻한다(그림 3-16 참조).

● 마크아웃(mark out) 또는 아웃포인트(out-point)

편집자가 편집할 숏을 선택하는 끝 지점을 뜻한다(그림 3-16 참조).

● 3점 편집(three-point editing)

소스 화면에서는 인포인트만 지정하고 녹화 화면에서 원하는 부분만큼 인포인트와 아웃포인트를 지정하면, 지정된 길이만큼 녹화된 후 자동으로 마크아웃이 되는 것을 말한다. 소스 화면에서는 아웃포인트를 지정할 필요가 없으므로 간편하다(그림 3-16 참조).

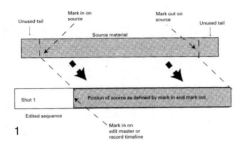

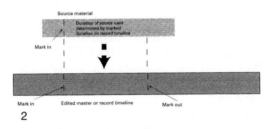

(1) Mark in and mark out points.
(2) Three-point editing can be referenced to either the source material or the record timeline. Typically priority will be given to the record timeline and if a marked in and out exists on the source the marked out point will be ignored (the exception being if four-point editing is enabled).

그림 3-16 마크인, 마크아웃, 3점 편집의 원리

● 4점 편집(four-point editing)

　소스 화면에서 인포인트와 아웃포인트를 지정하고, 녹화 화면에서 인포인트와 아웃포인트를 지정할 경우, 컴퓨터가 녹화 화면에서 지정된 시간의 길이만큼 자동으로 소스 화면의 길이를 줄이거나 늘여서 옮겨와 편집하는 것을 말한다. 예를 들어 소스 화면에서 마크인·마크아웃된 지점의 길이가 5초이고, 녹화 화면에서 마크인·마크아웃된 화면의 길이가 10초라고 하면, 컴퓨터는 소스 화면의 5초를 자동으로 10초로 늘여서 녹화 화면에 편집한다. 물론 양 화면의 시간의 길이가 동일할 때에는 변화 없이 그대로 삽입된다(그림 3-17 참조).

● 인서트(splice 또는 insert)

이것은 소스 화면의 숏을 잘라서 녹화 화면에 삽입하고자 할 경우, 녹화 화면에서는 소스 화면의 숏이 삽입되는 지점 이후로 자동으로 숏이 이어 붙여지고, 그만큼 전체 프로그램의 시간도 늘어나는 것을 말한다. 마치 영화 필름을 잘라서 그 사이에 다른 숏을 이어 붙이는 것과 같다(그림 3-17 참조).

● 덮어쓰기(over-record, overlay, overwrite)

소스 화면의 숏을 녹화 화면에 편집할 때, 녹화 화면에 기록된 비디오를 소스 화면의 숏 길이만큼 지우고 덮어쓰는 것을 말한다. 덮어쓰기를 하면 전체 프로그램의 길이는 늘어나지 않는다(그림 3-17 참조).

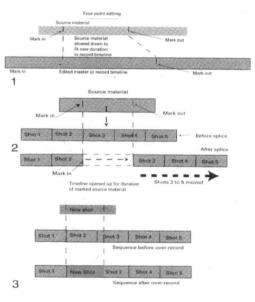

그림 3-17 4점 편집, 인서트, 덮어쓰기의 원리

● 삭제(extract, remove)

소스 화면이든 녹화 화면이든 어느 한쪽에서 마크인 · 마크아웃된 부분만큼을 잘라내는 것이다. 바로 뒤에 있는 숏이 앞의 숏과 연결된다(그림 3-18 참조).

● 오려내기(lift)

삭제할 때처럼 잘라내면 삭제된 부분만큼 블랙(black)으로 남는 것을 말한다. 바로 뒤에 있는 숏이 앞의 숏에 이어 붙지 않는다(그림 3-18 참조).

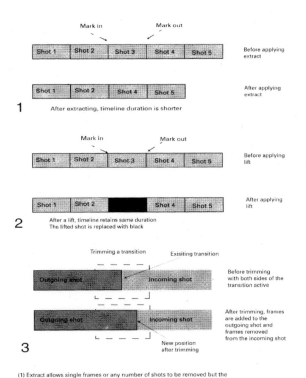

그림 3-18 삭제, 오려내기, 트리밍의 원리

● 트리밍(trimming)

화면전환 효과를 실행할 지점을 기준으로 앞의 숏과 뒤의 숏의 길이를 필요에 맞게 조정하는 것을 말한다. 예를 들어 디졸브 효과를 줄 때 앞의 숏이 포개지는 길이를 더 길게 하려면, 앞의 숏에서 트리밍 포지션을 늘리면 된다(그림 3-18 참조).

● 화면전환(transition)

컷, 디졸브, 와이프, 페이드 등의 편집 효과를 말한다.

● 타임라인(timeline)

컴퓨터 화면으로 편집작업의 내용과 현황을 한눈에 쉽게 볼 수 있도록 만들어진 그래픽 환경을 말한다. 실제로는 편집 소프트웨어가 편집작업의 내용이 담긴 지시문을 데이터베이스처럼 생성한다.

● 출력(output)

최종 편집된 프로그램은 EDL이나 VHS 수준의 화질 또는 방송용 수준의 화질로, 또는 필요와 목적에 따라 디지털 영상파일 형식으로 출력할 수 있다.

4) 비디오 효과 내기

키(key)란 비디오 효과의 일종으로 하나의 화면을 다른 화면과 겹치게 하여 각 화면의 요소를 서로 합쳐서 보이도록 하는 것을 말한다. 주로 한 화면은 시선을 끄는 중심 요소를 보여 주고, 다른 화면은 배경 화면으로 사용된다. 이것은 마치 앞 화면에서 구멍을 뚫어 포개진 뒤 화면과 서로 조화를 이루도록 화면을 구성하는 방법이다. 키 효과에는 루미넌스키(luminance key), 크로마키(chroma key), 매트키(matte key)의 세 가지 방법이 있다. 앞 화면에서 특정 색이나 윤곽을 투명하게 함으로써 뒤 화면이 보이게 하는 효과라고 해서, 디지털 편집 소프트웨어에는 트랜스페런시(transparency) 효과라는 이름이 붙여져 있다.

트랜스페런시를 이용하면 한 화면에서 두 개의 동영상이 동시에 재생되도록 할 수 있다. 컴퓨터에서 이용할 수 있는 트랜스페런시의 종류는 다음과 같다.

● 루미넌스키

루미넌스는 배경 화면 위에 자막이 있는 화면을 포개어 자막 화면의 배경을 투명하게 함으로써 배경과 자막이 동시에 나타나도록 하는 효과로서, 루미넌스의 말뜻처럼 흑색과 백색을 사용하는 것이다. 흑색을 포함한 어두운 부분의 색상들이 투명하게 처리된다. 주로 흑색 배경에 흰색 자막을 사용하므로 흑색 배경을 투명하게 하는 경우가 많다(그림 3-19 참조).

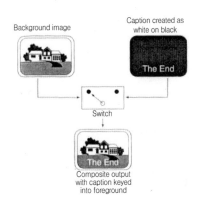

그림 3-19 루미넌스키

● 크로마키

크로마키는 포개지는 화면 중 앞 화면에서 특정 색을 투명하게 하는 것을 말한다. 텔레비전에서는 주로 청색과 녹색이 많이 사용된다. 즉, 앞 화면에서 청색을 모두 투명하게 처리하게 되면 뒤 화면이 배경으로 포개지면서 적절한 구도를 가진 화면구성을 하는 것이다. 일기예보를 하는 리포터가 컴퓨터 그래픽스로 만든 기상지도를 배경으로 방송할 때 흔히 사용되는 방법이다. 루미넌스와 같은 기법이지만 흑백 대신 색상을 키에 활용하는 것이다.

크로마키를 적용하기 위해서는 합성하는 화면에서 특정한 색상을 선택하고 그 색상을 투명하게 해야 하는데, 편집 소프트웨어에서는 Transparency Settings 창의 Color 항목에서 원하는 색상을 선택하면, 이미지에서 선택된 색상 부분이 모두 투명하게 처리되어 다른 비디오 트랙의 화면과 합성된다.

크로마키로 색상을 선택하면 사라지는 색상과 다른 색상의 경계가 부드럽지 못한 경우가 많다. 이때에는 Transparency Settings 창에서 similarity, blend, threshold, cutoff 등의 항목을 조정하여 투명하게 된 부분의 색상을 자연스럽게 조정하면 된다(그림 3-20 참조).

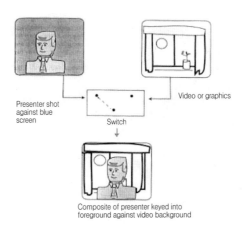

Presenter shot
against blue
screen

Video or graphics

Switch

Composite of presenter keyed into
foreground against video background

그림 3-20 크로마키

● 매트키

매트키는 투명 처리한 부분을 회색 계열의 색상이나 특정 색상, 또는 윤곽이나 그림자 등으로 장식할 때 사용된다(그림 3-21 참조).

● 알파채널(Alpha Channel)

알파채널을 이용하여 이미지를 합성하는 기법으로 주로 정지화면에서 작업이 이루어진다. 알파채널은 색상정보를 갖지 않으며, 단지 선택 영역에 대한 정보만을 가지고 있는 특성이 있다. 그렇기 때문에 알파채널의 컬러는 그레이 스케일과 동일한 것이고, 알파채널의 기본 배경은 흑색이고 백색이 들어가는 부분은 선택 영역을 표시하는 부분이다. 또한 회색 계열의 색은 반투명을 나타낸다. 즉, 흑색 배경을 가지는 새로운 알파채널을 생성하여 흰색으로 'ABC'라는 글자를 썼다면, 알파채널에서는 글자가 적힌 흰색부분을 선택 영역으로 한다는 정보가 저장되는 것이다. 이렇게 생성된 영역정보를 레이어(layer)에서 호출하여 색을 입히거나, 선택 영역을 이용한 편집에 활용할 수 있다. 알파채널은 선택 영역만을 정의하고 있는 값이기 때문에 결과물에는 알파채널의 존재가 보이지 않는다.

그림 3-21 매트키

5) 타이틀과 자막

타이틀과 자막은 방송용어로 슈퍼(superimposition의 준말)라고 불린다. 슈퍼는 이중노출의 일종으로, 하나의 카메라로 촬영한 화면을 다른 카메라로 촬영한 화면 위에 전자적으로 합성하는 것을 말하는데, 주로 한 화면은 타이틀이나 자막을 삽입하는 용도로 많이 사용되고 있다(그림 3-22 참조).

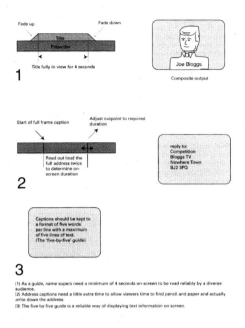

그림 3-22 타이틀과 자막이 편집되는 원리

좋은 타이틀과 자막이 되는 기준은 시청자가 읽기 쉽도록 하는 것이다. 슈퍼의 시간은 최소한 4초 정도 지속되는 것이 좋다. 주소나 문의처 같은 정보는 편집자가 소리내어 끝까지 읽을 수 있는 시간의 약 2배 정도로 슈퍼 시간을 두는 것이 바람직하다. 그래야만 시청자가 받아 적을 수 있기 때문이다.

디지털 영상편집에서 슈퍼를 만들 때 고려해야 하는 요소로는 활자의 포인트(point) 크기, 커닝(kerning), 레딩(leading), 폰트(font) 등이 있다[6]. 포인트는 6포인트에서 100포인트까지 있으며,

---

6) 포인트는 활자 크기의 단위로 1인치의 약 1/72; 커닝은 영문활자에서 b, h, f, p, g, y 등에서처럼 위, 아래로 돌출된 부분; 레딩은 행간; 폰트는 활자 형태를 말한다. 세리프(serif)체는 한글의 명조체 계열을 말하고, 산세리프(san-serif)체는 고딕체 계열이라고 볼 수 있다.

인쇄매체에서는 12포인트가 본문체로 많이 쓰이나 방송에서는 화면과 시청자 사이의 거리가 멀기 때문에 최소한 24포인트 이상의 크기를 사용해야 읽기에 편하다. 커닝과 레딩은 슈퍼의 행간을 적절하게 조절할 수 있게 한다. 영상에서 타이틀로는 산세리프체를 쓰는 것이 원칙이다. 영어의 *Helvetica*가 대표적인 폰트이다. 세리프체를 타이틀로 사용할 때에는 텍스트에 그림자 효과나 경계선 효과를 주는 것이 가독성을 높이는 데 도움이 된다(그림 3-23, 3-24 참조).

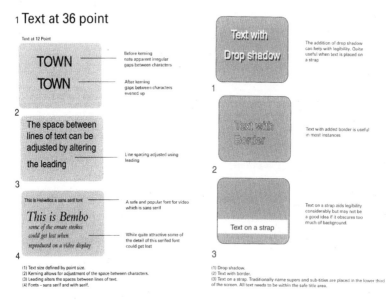

그림 3-23 비디오 화면에서의 폰트의 특징   그림 3-24 비디오 화면에서의 텍스트 스타일

　　타이틀이나 자막을 삽입할 때 주의해야 할 점으로는 텍스트를 화면의 가장자리까지 닿도록 채우지 않는 일이다. 화면 크기의 10% 정도의 테두리선을 가상으로 설정하고 그 선을 넘지 않도록 한다. 그렇지 않을 경우 실제로 텔레비전 화면을 통해서 볼 때 가장자리

에 있는 타이틀이나 자막이 잘려나가는 결과를 초래할 수 있다(그림 3-25 참조).

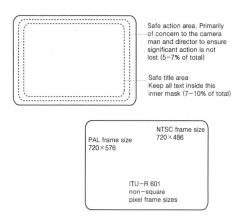

그림 3-25 타이틀과 자막이 안전하게 보이려면 점선 안에 글이 삽입되어야 한다.

 참고문헌

〈국내문헌〉

김광호 · 김영룡 역. 텔레비전 연출론. 서울: 나남출판, 1995.

김학순 · 최병근 역. 영화연출론. 서울: 시공사, 1998.

방송문화진흥회 방송문화사전. 서울: 한울아카데미, 1997.

이영민. 어도비 프리미어 5. 서울: 정보문화사, 1998.

이경자 · 이인희 역. 방송보도실무. 서울: 한울아카데미, 1997.

〈국외문헌〉

Anderson, G. H. (1998). *Video editing and post-production* (4th ed.). Oxford: Focal Press.

Bayes, S. (2000). *The Avid handbook: Techniques of the Avid media composer and Avid Express.* Oxford: Focal Press.

Browne, S. E. (1998). *Nonlinear editing basics.* Oxford: Focal Press.

Browne, S. E. (1998). *Video editing* (3rd ed.). Oxford: Focal Press.

Case, D. (1997). *Film technology in post production.* Oxford: Focal Press.

Clark, B., & Spohr, S. (1998). *Guide to post-production for TV and film: Managing the process.* Oxford: Focal Press.

Dancyger, K. (1997). *The technique of film and video editing.* Oxford: Focal Press.

Jones, F. H. (1998). *Desktop digital video production.* New York: Simon & Schuster.

Morris, P. (1999). *Nonlinear editing.* Oxford: Focal Press.

Ohanian, T. A., & Ohanian, H. C. (1998). *Digital nonlinear editing* (2nd ed.). Oxford: Focal Press.

Ozer, J. (1996). *Publishing digital video.* San Diego, CA: Academic Press.

Rubin, M. (1995). *Nonlinear: A guide to digital film and video editing.* Gainesville, FL: Triad Publishing.

Solomons, T. (1999). *The Avid digital editing room.* Silman-James Press.

Stafford, R. (1996). *Nonlinear editing and visual literacy.* London: British Film Institute.

Thompson, R. (1997). *The grammar of the edit.* Oxford: Focal Press.

Zettle, H. (1992). *Television production handbook* (5th ed.). Belmont, CA: Wadsworth.

"이 연구총서는 경성대학교 멀티미디어 특성화서업 4차년도 연구비에 의하여 연구되었음"(The research was supported by Kyungsung University Multimedia Identification Program Grants in 2000)

멀티미디어 리서치 연구총서

디지털 영상편집 기법

● 초판 발행	2001년 2월 25일
● 2 쇄	2003년 1월 15일
● 지 은 이	이인희
● 펴 낸 이	채종준
● 펴 낸 곳	한국학술정보㈜
	경기도 파주시 교하읍 문발리 파주출판문화정보산업단지 538-2
	전화 031) 908-3181(대표)·팩스 031) 908-3189
	홈페이지 http://www.kstudy.com
	e-mail(e-Book사업부) ebookkstudy.com
● 등 록	제일산-115호(2000. 6. 19)
● 가 격	5,000 원

ISBN   89-5520-337-3   03680 (Paper Book)
         89-5520-354-3   08680 (e-Book)

● 잘못된 책은 구입하신 서점에서 바꾸어 드립니다.